문화 트렌드 2022

문화 트렌드 2022

2021년 11월 1일 초판 인쇄
2021년 11월 5일 초판 발행

지은이 | 신형덕·박지현
교정교열 | 정난진
펴낸이 | 이찬규
펴낸곳 | 북코리아
등록번호 | 제03-01240호
주소 | 13209 경기도 성남시 중원구 사기막골로 45번길 14
우림2차 A동 1007호
전화 | 02-704-7840
팩스 | 02-704-7848
이메일 | ibookorea@naver.com
홈페이지 | www.북코리아.kr
ISBN | 978-89-6324-792-2(03680)
값 15,000원

트렌드 전문가를 꿈꾸는 당신이 읽어야 할 단 한 권의 책

문화트렌드 2022

K-CULTURE의 시대, 문화를 알아야 세상이 보인다

12가지 주제로 살펴보는 2022년을 관통할 문화 트렌드

#아트테크 #보복소비 #구독경제 #디지털 캐릭터 #숏폼 콘텐츠
#트랜스 미디어와 세계관 #이방인의 탄생 #예능과 금기 #프로와 아마추어
#대리만족의 미학 #솔직함과 진정성 #사적 응징

신형덕·박지현 지음

북코리아

서문

작년 서문에서 우리는 문화 트렌드를 파악하는 것은 마치 여러 지류를 가진 큰 강의 본류를 조망하는 것과 같다고 비유했다. 본류를 파악하면 왜 다양한 지류의 흐름이 만들어지는지 이해할 수 있고, 궁극적으로 어떠한 지류가 만들어지는지 예측할 수 있다. 이러한 흐름을 더욱보다 명확히 독자에게 전달하기 위해 《문화 트렌드 2022》에서는 각 장에서 다음과 같이 구분하여 설명했다.

(1) What do we see?: 2021년에 부상했던 파편적인 문화 현상이 형성하는 트렌드를 짚어내어 큰 흐름을 파악할 수 있도록 했다.
(2) Why is it?: 표면에 나타나는 트렌드 기저에 존재하는 보다 근본적인 원인에 대해 심층적으로 분석했다.
(3) Where is it going?: 2021년에 부상했던 트렌드가 2022년의 사회·경제·정치적 현상에 미칠 영향에 대해 예측했다.

또한 작년에 우리가 언급했던 12가지의 문화 트렌드가 2021년에 과연 어떻게 이어지고 있는지 이 책의 앞 부분에서 간략히 정리했다. 책을 듣는 트렌드는 2021년에 등장한 '클럽하우스'의 인기로 이어졌고, 방구석 문화관람의 트렌드는 영화를 극장과 OTT 플랫폼에서 동시에 개봉하는 사업모델을 가져왔다. 크라우드 펀딩의 대중화는 '아이즈원'의 활동 재개를 위한 모금액으로 32억 원이라는 국내 최고기록 달성으로 이어졌고, 시니어 세대의 약진의 끝판에는 윤여정 배우의 아카데미 수상이 자리 잡았다. 플랫폼의 강점을 활용하는 한류는 〈오징어 게임〉의 대성공으로 이어져 대세로 자리 잡고 있고, 레트로와 '인싸'를 넘나드는 굿즈 열풍은 구매자의 시선을 끌고 있다. 'MSG 워너비'와 〈슬기로운 의사생활 시즌 2〉에서 볼 수 있었던 OST의 위력은 당분간 이어질 것으로 보이며, '최준'과 '유야호'에게 환호를 보냈던 사람들은 부캐 설정 포맷을 예능의 정석으로 받아들이고 있다. 대통령 후보와 올림픽 메달리스트들은 앞다투어 예능 프로그램에 출연하고 있고, 코로나 사태로 주춤했던 다양한 스핀오프 영화들은 줄줄이 개봉을 앞두고 있다. '먹방'이나 여행을 넘어 코미디, 댄스, 음악 분야의 다양한 독립기획자들이 SNS 채널에서 수익 모델을 만드는 것이 일반화되었고, 탈레반 정권의 여성인권 침해에 반대하는 #DoNotTouchMyClothes 운동 등 온라인 플래시 문화의 영향력도 확장되고 있다.

이제 우리는 2022년을 관통할 12가지의 문화 트렌드를 소개하려 한다. 먼저 경제적 현상과 관련된 문화 트렌드로서 아트테크, 보복소비, 구독경제의 문화적 의미에 대해 소개하고, 문화산업 중 특히 콘텐츠 시장과 관련된 트렌드로서 디지털 캐릭터, 숏폼 콘텐츠, 트렌드 미디어에 대해 설명한다. 문화 트렌드의 사회적 의미와 관련하여 사람들이 이방인을 대하는 태도, 금기를 넘나드는 예능, 프로와 아마추어의 불분명한 경계에 대해 살펴보고, 마지막으로 문화 트렌드로 표출되는 대중의 잠재의식을 살펴보기 위해 대리만족의 욕구, 진실과 가식에 걸친 욕망, 그리고 사적 응징의 욕망에 대해 논한다. 이 책을 통해 독자들이 한국의 문화 트렌드와 그 의미에 대해 조금이라도 더 쉽게 이해할 수 있다면 그 이상 우리 저자들이 바랄 것은 없다.

2021년 가을

저자 신형덕, 박지현

목차

2021년 문화 트렌드 회고

작년에 출간한 《문화 트렌드 2021》에서는 올해 우리와 함께할 12개의 트렌드를 제시했다. 이제 한 해를 살아온 지금, 작년에 예측한 트렌드에 대해 회고하고 평가하는 시간을 갖고자 한다.

1. 책을 듣는 사람들

'책을 듣는 사람들'에서는 최근의 오디오북에 대한 사람들의 관심을 들여다보고, 책의 주요 내용을 요약해서 들려주는 '서머리 콘텐츠(summary contents)'나 라디오 형식의 '팟캐스트(podcast)' 등 다양한 음성 콘텐츠의 트렌드에 대해 이야기해보았다. 이러한 음성 콘텐츠는 멀티태스킹을 가능하게 하는 일상의 BGM으로 자리하면서 2021년에도 오디오 기반의 여러 플랫폼이 화제에 올랐다.

2021년 초, 소위 말하는 '인싸'들의 소셜미디어로 입소문을 타며 관심을 모았던 쌍방향 음성 기반 서비스 '클럽하우스(Clubhouse)'는 사용자가 방을 개설하면 주제에 관심 있는 사람들이 모여 함께 대화할 수 있는 시스템으로 인기를 얻었다. 테슬라 창업자인 일론 머스크

책을 듣는 시대, 책을 듣는 사람들

나 신세계그룹 정용진 부회장 등 유명인의 이야기를 직접 들을 수 있다는 점에서 많은 사람이 열광했다. 초대장이 있어야 가입이 가능하고, 초기 안드로이드 폰에서는 사용이 불가능했던 점 등 특유의 폐쇄적인 운영방식 때문에 그 열풍이 오래가지는 못했으나, 오디오 기반 소셜미디어의 가능성을 확인하기에는 충분했다. 이 외에도 '스푼라디오', '블라블라' 등과 같은 개인 오디오 방송 플랫폼이 주목을 받기 시작했고, 웹툰, 잡지, 전시 등 책을 넘어서 다양한 장르의 콘텐츠가 오디오 콘텐츠로 변환되면서 더욱 전문화되고 색다른 오디오 콘텐츠가 쏟아져나온 한 해였다.

2. 집콕 시대의 방구석 문화 관람

2019년 BTS 콘서트

2020년 코로나19로 인해 문화계에 급격히 등장한 현상 중 하나는 온라인 관람 방식이었다. 팬데믹 초기, 서로 단절되고 고립된 사람들을 위로하기 위해 문화예술계가 무료로 콘텐츠를 제공하던 형태로 등장한 온라인 관람 방식은 점차 비즈니스 모델로 발전해가고 있다.

2021년 문화 트렌드 예측에서는 코로나19가 종식된 이후 팬데믹을 계기로 온라인 공연을 경험한 사람들이 온·오프라인을 넘나드는 새로운 문화관람 세대로 재탄생할 것이라고 예상했다. 코로나19가 장기화되면서 아직 완전히 종식된 것은 아니지만, 전 세계 각국에서 백신 접종이 이어지며 팬데믹의 끝에 대한 기대가 늘어나고 있다. 공연계도 서서히 기지개를 켜고 있는 모습이다. 후원 형식을 빌려 유료 상영을 진행하는 온라인 공연이 늘어나고 있음은 물론이고, 국내에서도 백신 접종이 순차적으로 이루어지면서 백신 접종자 할인, 백신 접종자

만을 대상으로 하는 공연 등이 기획되며 관람객을 다시 공연장으로 불러오기 위한 노력이 이어지고 있다.

한편, 코로나19로 인해 한 차례 개봉을 연기했던 배우 공유와 박보검 주연의 영화 〈서복〉은 2021년 4월 극장과 OTT 플랫폼 티빙(TVING)을 통한 동시 개봉이라는 방법을 택했다. 불과 2~3년 전만 하더라도 스트리밍 영화와 극장 상영 영화 간의 배급 방식에 대한 갈등이 있었던 것을 되짚어보면 팬데믹이 영화계에 얼마나 큰 변화를 가져왔는지 느낄 수 있다. 관람객뿐만 아니라 문화콘텐츠의 공급 측면에서도 온라인과 오프라인을 넘나드는 방식이 얼마든지 시도될 수 있음을 보여주는 사례였다.

3. 크라우드 펀딩이 만드는 다양한 가치

액티브 컨슈머(active consumer) 시대의 예술 후원 방식인 크라우드 펀딩은 하나의 목적을 위해 여러 사람이 돈을 모아 후원하는 것을 말한다. 영국의 인디고고(Indiegogo), 미국의 킥스타터(Kick starter), 우리나라의 텀블벅(Tumblebug)이나 와디즈(Wadiz) 같은 여러 플랫폼을 통해 진행되는 크라우드 펀딩은 여유 자본이 많지 않은 문화예술 분야에서 활용도가 높은 자금 조달 방법이다. 2021년에는 이러한 크라우드 펀딩 시장이 더욱 성장하여 밀레니얼 세대의 새로운 소비 방식으로 자리 잡고 펀딩 분야도 점차 다양화될 것으로 예측했다.

코로나19로 예술계의 침체가 이어지면서 2021년에는 생계가 어려워진 지역 예술인들을 돕기 위한 크라우드 펀딩 프로젝트가 다수

여러 사람이 함께 모여 아이디어를 실현시키는 크라우드 펀딩

진행되었다. 김해, 인천 등의 지역에서 문화예술 단체가 펀딩을 통해 일정 금액을 조성하면 나머지 비용은 문화재단에서 지원하여 일반인이 더욱 쉽게 지역의 문화예술 단체를 후원할 수 있는 환경을 조성했다.

특히, 대중예술 분야에서는 Mnet 〈프로듀스48〉을 통해 데뷔한 이후 예정된 2년 반의 활동을 마치고 해체한 그룹 '아이즈원(IZ*ONE)'의 재활동을 위한 팬들의 자발적인 크라우드 펀딩이 진행되었다. 이 프로젝트는 32억 원이 넘는 모금액을 달성하여 국내 펀딩 분야 최고 모금액 기록을 갱신했다. 팬들뿐만 아니라 그룹 관계자들도 놀라게 한 모금액이었다. 해체된 그룹의 재활동을 위해 팬들이 직접 모금을 진행한 최초의 사례이자 문화 소비자가 더욱 적극적이고 주체적으로 변화해감을 여실히 보여주는 사건이었다.

4. 1940년생, 그들의 지치지 않는 도전

'한국 배우 최초'로 아카데미 여우조연상을 수상한 배우 윤여정

2021년 상반기를 뜨겁게 달구었던 인물 중 한 명은 단연코 배우 윤여정이라고 할 수 있을 것이다. 1966년 TBC 공채 3기로 데뷔한 배우 윤여정은 아메리칸드림을 소재로 한 영화 〈미나리〉에서 장난기 넘치면서도 사랑스러운 할머니를 그려내며 아카데미 여우조연상을 수상했다. 한국 배우 최초로 아카데미 수상의 영광뿐만 아니라 그녀가 표현하는 전형적이지 않은 시니어의 모습에 국적의 경계를 넘어 많은 사람이 열광했다. 영화 밖 인터뷰나 예능에서 보인 배우 윤여정의 재치 있고 솔직한 언변은 "나이란 숫자에 불과하다"라는 흔한 말을 실감하게 한다.

2021년 3월 방영된 tvN 드라마 〈나빌레라〉는 오랫동안 꿈꿔온

발레를 배우기 위해 도전하는 일흔의 '덕출'이라는 인물에 대한 이야기다. '중독성 있는 매운맛'이라는 뜻의 자극적인 '마라맛' 드라마들이 시청률 상위권을 차지하고 있는 최근 방송가에서 따뜻한 이야기로 주목받은 이 드라마는 그동안 가족을 위해 희생하고 꿈을 포기했던 많은 중장년층에게 깊은 울림을 주었다. 또한 배우 고두심과 지현우 주연의 영화 〈빛나는 순간〉은 노년의 삶과 사랑을 진솔하게 담아내면서 우리의 고정관념 속에 갇혀 있는 시니어들의 모습에서 벗어나는 다양한 콘텐츠가 주목을 받았다.

2021년 트렌드 예측에서 앞으로 시니어 콘텐츠는 세대 간의 갈등을 완화시키며 더욱 다양한 분야에서 존재감을 발휘할 것으로 예측했다. 직접 그린 그림으로 인스타그램 스타 반열에 오른 80세 부부, '힙스터 시니어'로 등극한 일흔을 앞둔 재단사 등 앞으로 시니어가 할 수 없는 분야를 찾는 것이 더 어려워질 듯하다.

5. 한류, 콘텐츠를 넘어 플랫폼으로

넷플릭스, 유튜브 등 온라인 플랫폼을 기반으로 한 한국 콘텐츠의 세계적인 인기는 2021년에도 지속되었다. 그룹 BTS는 디지털 싱글 〈버터(Butter)〉로 미국 빌보드 메인차트에서 통산 10주 동안 1위를 차지하며(9월 13일 기준) 2021년 최장기간 1위라는 기록을 세웠으며, 넷플릭스를 통해 공개된 드라마 〈오징어 게임〉은 전 세계적으로 새로운 흥행 역사를 썼다. 한국적인 정서가 가득한 영화 〈미나리〉도 아카데미 여우조연상 수상뿐만 아니라 해외 흥행에서도 좋은 성적을 거두며

BTS 〈버터(Butter)〉 앨범

한국적인 이야기의 가능성을 확인해주었다. 이러한 가능성을 바탕으로 웹툰, 게임 등 다양한 장르의 한국 콘텐츠가 해외 시장에 진출하고 있다.

새로운 한류의 바탕이 된 OTT 플랫폼은 이용객이 급증한 만큼 서비스 제공자 간의 경쟁도 심화되고 있다. 따라서 국내 온라인 동영상 서비스 플랫폼들은 오리지널 콘텐츠를 통해 경쟁력을 확보하고 해외 시장에 진출하기 위해 노력 중이다. 웨이브(Wavve)는 2025년까지 오리지널 콘텐츠 제작에 총 1조 원을 투자하여 글로벌 시장 주도권을 확보해나갈 계획이며 티빙(TVING), 왓챠(Watcha)도 자체 제작 콘텐츠 제작을 통해 해외 진출에 박차를 가하고 있다. 이와 함께 콘텐츠 제작사들도 앞다투어 해외 시장 진출 기회를 잡으며 한국 대중문화의 총체적인 시스템이 주목받는 한 해가 되었다.

6. 굿즈의 시대, 팬심에는 한계가 없다

연예인 굿즈를 구입하기 위해 상점을 둘러보는 팬들

2020년 우울한 일상에 소소한 재미를 주는 요소로 사람들의 소비 심리를 자극했던 굿즈들의 인기는 2021년에도 지속되었다. 2020년 인기를 끌었던 '곰표 밀가루' 굿즈에 이어 2021년에는 '천마표 시멘트 백팩'이 판매가의 두 배가 넘는 금액을 주고도 구하기 힘든 귀한 몸이 되었다.

그러나 한편으로는 2020년만큼 여러 굿즈가 화제성을 띠지는 못하는 양상을 보였는데, 이는 브랜드마다 경쟁적으로 컬래버레이션 제품을 만들어내면서 소비자의 피로도가 높아졌기 때문으로 분석된다. 우유 브랜드와 컬래버레이션한 바디워시나 매직펜 모양을 한 음료는 어린아이나 인지·시각 능력이 떨어지는 사람들에게 혼동을 일으켜 안전사고가 발생할 위험이 크다는 점이 지적되면서 위험한 펀슈머 제품을 팔지 못하도록 하는 법안이 국회를 통과했다. 소비자의 시선을 사로잡기 위해 더 새롭고 예측 불가능한 제품을 만들려는 경향이 빚어낸 문제점이기도 하다.

연예인 굿즈 시장에서는 아티스트와 1대다(多) 채팅 서비스나 '프라이빗 메시지', '프라이빗 콜' 등 AI 기술을 기반으로 한 개인화되고 더욱 진화한 굿즈가 주목을 받았다. 또한 방송가에서는 세계 최대 OTT 서비스 업체인 넷플릭스가 새로운 수익원 개발을 위해 굿즈 사업에 뛰어들면서 넷플릭스 오리지널 프로그램 팬들의 소비 심리를 더욱 자극했다. 팬심에 기댄 굿즈 마케팅 열풍은 당분간 사그라들 기미가 보이지 않을 듯하다.

7. OST에서 엿보는 주객전도의 시대

펄프 픽션의 OST

'주객전도의 시대'에서는 2020년 상반기 음악차트를 휩쓴 OST에 주목하며, 이제는 보조적 콘텐츠인 OST가 영화 및 드라마 등 주 콘텐츠의 성공을 이끄는 주객전도 현상이 나타날 수 있다고 예측했다. 그리고 그 이유로 OST가 가진 동물적 매력, 즉 '청각'이라는 감각이 사람들의 마음을 끌기 때문이라고 설명했다. 이러한 현상은 2021년에 그대로 이어졌다. 음악을 주제로 한 예능 프로그램이 여전히 맹위를 떨치면서 〈놀면 뭐하니?〉에서 결성한 'MSG워너비'는 나얼과 박근태라는 특급 작곡가를 예능 프로그램에 소환했다.

8. 부캐, 정체성의 확장

광대의 얼굴

'부캐를 통한 정체성 확장' 현상은 2021년에 더욱 극명하게 나타나고 있다. 아마도 가장 존재감을 자랑했던 부캐는 카페 사장 최준(본캐 개그맨 김해준)일 것이다. '최준의 매력이 스며든다'라는 의미를 가진 '준며든다'를 유행시키며 '윤며든다(윤여정에게 빠져든다)', '치며든다(치킨에 빠져든다)' 등도 덩달아 유행하게 했다. 유재석은 또 다른 부캐인 '유야호'를 선보였다. 이 부캐는 2010년 〈무한도전〉 방영 당시 방문했던 알래스카에서 만난 할아버지가 무의식적으로 외쳤던 "무-야호"에서 유래했다. 유야호는 지미유와 쌍둥이 형제로 설정된다.

9. 인생은 짧고 예능은 길다

정치인으로 변신한 슈워제네거

'예능 전성시대'는 2021년에도 계속되었다. 정치인 출신으로서 서로 속고 속이는 예능 프로그램인 〈소사이어티게임2〉에 출연한 이준석 전 최고위원은 6월에 제1야당 대표가 되었다. 예능은 아니지만 오락적 요소가 많았던 시사교양 프로그램인 〈썰전〉에 출연했던 박형준과 이철

희는 4월에 각각 부산시장과 청와대 정무수석에 입성했다. 대선 주자인 윤석열, 이재명, 이낙연은 〈집사부일체〉에, 홍준표는 〈와이프 카드 쓰는 남자〉에 출연해서 서민적인 모습을 보이려 노력했다. 체육인의 예능 프로그램 출연도 더욱 증가했다. 〈뭉쳐야 찬다〉의 후속 예능인 〈뭉쳐야 쏜다〉와 〈뭉쳐야 찬다 II〉는 여전히 은퇴한 국가대표급 선수들로 구성되었지만, 허재 선수의 두 아들이 현역으로 전성기를 누리고 있음에도 출연하여 이제 현역 선수의 예능 프로그램 출연도 자연스럽게 받아들여지는 느낌이다.

10. 외전의 복합적 진화

〈스타워즈〉의 스핀오프

2021년은 코로나 시국을 맞이해서 스핀오프와 시퀄을 포함한 거의 모든 콘텐츠 제작이 중단된 해였다. 〈미션 임파서블 7〉과 〈미션 임파서블 8〉, 〈블랙위도우〉, 〈신비한 동물사전 3〉 등 흥행 보증 영화들은 줄줄이 제작 또는 개봉을 미루었고, 이 중 〈블랙위도우〉만 1년이 지연된 2021년 7월 개봉되었다. 그러나 코로나의 종식과 더불어 스핀오프와 시퀄의 진행은 계속될 전망이다. 예능 프로그램의 경우 시즌제로 방영되는 〈슬기로운 의사생활 시즌 2〉가 6월에 시작되었고, 나영석의 〈신서유기〉 스핀오프인 〈신서유기 스페셜: 스프링캠프〉가 티빙 오리지널로 제작되어 5월에 방영되었다. 배역과 장르와 시간의 크로스오버는 더욱 심화되었는데, 예를 들어 〈뭉쳐야 찬다〉에서 축구팀 감독을 맡았던 안정환은 〈뭉쳐야 쏜다〉에서는 농구 선수, 〈강철부대〉에서 경쟁에 참가하는 특전사 대표로 등장한 박준우는 특전사에서 탈락하자 같은 프로그램의 패널로 변신하는 모습을 보여주었다.

11. 독립기획자 전성시대

유튜버들은 2021년에도 수많은 콘텐츠를 양산했다. 한 가지 눈에 띄는 콘텐츠는 방송인 홍진경이 2월에 시작한 〈공부왕찐천재 홍진경〉이었다. '공부를 잘하기 위한 방법을 찾는다'라는 주제로 여행 등 각종 콘텐츠를 결합하는데, 3월에는 정치인 안철수와 나경원이 등장하기도 했다(4월 7일 서울시장 선거 한 달 전이었다). 개그맨 최준은 〈피식대학〉 유튜브 채널의 〈니곡내곡〉 코너에 시아준수, 적재, 폴킴, 정승환 등 실력파 가수들과 듀엣으로 노래하며 음악방송과 예능을 넘나드는 장르 파괴의 콘텐츠를 선보였다.

실버 버튼과 골드 버튼의 유튜버

12. 틱톡을 넘어서

틱톡 챌린지로 대표되는 온라인 플래시 문화는 2020년에 이어 2021년에도 이어졌다. 밈으로 전파된 메시지는 틱톡의 짧은 동영상으로 진화했고, 전통적인 따라 하기, 내보이기, 참여하기의 행동 패턴은 테러 규탄, 재해 보도, 그리고 자연보존 권장 등의 메시지를 전파하고 있다. 여기에 숏폼 형식이 사용되면서 사람들의 흥미를 유도하는 힘이 배가되었다. 미얀마와 아프가니스탄에서 발생한 정치적 격변은 아직도 진행 중인데, 탈레반 정권이 강요하는 부르카는 아프가니스탄의 고유 의상이 아님을 알리는 #DoNotTouchMyClothes 운동이 사이버 외교사절단 반크에 의해 2021년 9월 이후 진행되고 있다. 앞으로 온라인 플래시 문화가 어떤 방향으로 진행될지 주목된다.

파리 테러 추모

I 경제 현상의 문화적 의미

1 아트레크(아트+재테크)

아트페어 전경

2021년 미술시장은 전례없는 호황을 누렸다. 상반기 우리나라 양대 경매회사의 낙찰총액은 서울옥션 654억 원, K옥션 615억 원으로 지난해 연간 총액을 이미 넘어섰고, 10월에 개최된 한국국제아트페어(KIAF)는 5일간 650억 원이라는 역대 최고 매출을 기록했다. 이제 더 이상 '미술품'을 구매하는 일은 일부 부유층인 '그들만의 세상'에서 일어나는 일이 아닌 듯하다. 아트테크에 대한 관심은 어디서부터 시작되었고, 또 어떤 방향으로 나아가고 있을까?

1. What do we see?

뜨거운 미술시장

미술시장의 호황은 숫자로 바로 확인할 수 있다. 한국미술시가감정협회가 발표한 2021년 상반기 미술시장 거래 총액은 1,483억 원이었다. 연간 미술품 경매 낙찰 총액이 2019년 1,565억 원, 2020년 1,153억 원이던 것과 비교하면 실로 엄청난 실적이다. 코로나19 장기화로 인한 우려를 안고 개최되었던 2월 '화랑미술제'의 성공에 이어 5월에 개최된 '아트부산' 역시 나흘 만에 350억 원 판매라는 성과를 거두며 미술시장의 우려를 순식간에 잠재웠다. 지난 8월 서울옥션을 통해 낙찰된 이우환 작가의 〈동풍〉이 한국 생존 작가 최초로 30억 원이 넘는 금액에 낙찰되면서 뜨거운 열기를 이어갔다.

거래되는 작가와 장르가 다양화되고 있다는 점도 미술시장에 긍정적인 신호로 받아들여지고 있다. 김환기, 이우환, 박서보 등 일부 단색화가에 집중되었던 시장의 관심이 유영국, 김종학뿐만 아니라 젊은 작가들로까지 다변화되고 있다. 또한 겸재 정선의 〈동작진〉도 경매 시작가 3배에 가까운 4억 4천만 원에 낙찰되면서 고미술 작품에 대한 인기 역시 점차 회복되는 조짐이다.

젊어지는 컬렉터층

지난 3월 서울옥션 경매에서 '땡땡이 호박' 작품으로 유명한 일본 작가 쿠사마 야요이의 〈Infinity Nets〉가 23억 원에 낙찰되었다. 12억 원에서 시작해 치열한 경쟁 끝에 낙찰된 이 작품의 낙찰자는 서른네 살의 유명한 수학 1타 강사(1등 스타강사)였다. 이와 같은 사례뿐만 아니라 실제로 최근 미술품 구매 연령층이 점차 낮아지고 있는 것을 볼 수 있다. K옥션의 2021년 1/4분기 경매에서는 전체 거래량 중 31.0%를 구매한 40대의 비중이 가장 높았고, 30대가 26.7%로 그 뒤를 이었다. 미술품 컬렉터라고 하면 나이 지긋한 중장년층을 떠올리던 과거와는 사뭇 다른 현상이다.

요즘 많이 사용되는 신조어 중 경제적으로 풍족한 젊은 사람을 일컫는 '영앤리치(young and rich)'라는 표현이 있다. '영앤리치'로 정의되는 사람들은 비단 경제적인 풍요로움뿐만 아니라 거기서 비롯되는 삶의 여유와 자신감, 솔직한 자기표현 등의 특징을 가지고 있다. 청소년 중에는 장래 희망이 '영앤리치'라고 말하는 학생이 있을 만큼 젊은 층에게는 선망의 대상이 되기도 한다.

그중 '영앤리치'의 대명사로 여겨지는 연예인들이 미술품 구입에 적극적인 것도 미술품 구매에 대한 MZ세대의 호기심을 자극하고 있다. 그룹 BTS의 멤버 RM은 연예계의 대표적인 미술 애호가로, 현재 국내 미술시장에서 가장 핫한 영향력을 가지고 있다. 최근 미술계는 'RM이 다녀간 전시'와 'RM이 다녀가지 않은 전시'로 나뉜다는 우스갯소리가 나올 정도다. 그룹 빅뱅의 멤버들도 세계적인 작품을 다수 소장한 것으로 유명한데, 멤버 중 지드래곤과 탑은 미국 미술 전문지 〈아트 뉴스(Art News)〉에서 선정한 '주목할 컬렉터 50인'에 선정되기도 했다.

NFT가 일으킨 광풍

'대체 불가능한 토큰'이라는 뜻의 NFT(Non-Fungible Token)는 디지털 콘텐츠에 고윳값을 부여해 위·변조가 불가능하게 만든 기술이다.

쉽게 복제가 가능한 디지털 콘텐츠도 블록체인 기술을 활용해 진본 여부를 확인할 수 있게 된 것이다. NFT 기술이 등장하면서 그동안 수없이 만들어지고 유통된 디지털 콘텐츠에도 진본성을 부여할 수 있게 되었고, 이는 2021년 전 세계 미술시장을 뒤흔들고 있다.

NFT가 미술시장에서 이토록 주목받게 된 것은 디지털 아티스트 비플(Beeple)이 2007년부터 매일 업로드했던 그림을 모아 하나의 이미지로 만들어 〈매일: 첫 5000일(Everydays: The First 5000 Days)〉이라는 NFT 작품을 경매시장에 내놓으면서부터다. 이 작품이 시작가 100달러에서 최종 6,930만 달러(약 785억 원)에 낙찰되면서 비플은 단숨에 전 세계 생존 작가 중 가장 비싼 작가 3위에 오르게 되었다.

갑작스러운 NFT 열풍에 편승하기 위해 지금 미술시장에는 다양한 시도가 쏟아져나오고 있다. 경매회사 크리스티(Christie)는 앤디 워홀 재단과 함께 그가 촬영해 저장해두었던 5점의 작품을 NFT로 제

비플(Beeple)의 NFT 작품 〈매일: 첫 5000일〉

작하여 경매에 내놓았고, 이는 합계 43억 원이라는 기록을 세우며 미술시장을 놀라게 했다. 비디오아티스트 백남준의 작품 <글로벌 그루브>도 NFT화되어 경매에 올려졌는가 하면, 저작권자의 동의 없이 이중섭, 박수근, 김환기 등 거장들의 작품을 NFT로 거래하려는 시도가 발생해 결국 취소되는 촌극이 벌어지기도 했다.

한편, 《훈민정음해례본》을 소장하고 있는 간송미술관이 이를 NFT로 제작해 100명에게 개당 1억 원에 판매한다고 발표하여 큰 논란을 불러일으켰다. 이는 "문화재나 고전 작품의 이미지를 디지털 파일화하여 NFT로 만들면 그것이 예술작품으로서의 가치를 가지고 있는가?"라는 뜨거운 질문을 미술시장에 던졌다. 그리고 이러한 논란과 별개로 제작된 100개의 NFT 《훈민정음해례본》 중 80여 개가 판매된 것으로 알려지면서 NTF를 예술계의 새로운 '기회의 땅'으로 바라보는 시선도 늘어나고 있다. 애플 창업자 스티브 잡스의 입사지원서도, 한 영화감독의 방귀소리도 NFT로 판매되는 시대.[1] 미술시장의 새로운 시대가 열린 것인지, 그저 디지털 자산의 광풍에 휩쓸린 일시적인 바람일지 앞으로 지켜봐야 할 것이다.

2. Why is it?

그렇다면 최근 아트테크에 많은 관심이 쏠리는 이유는 무엇일까? 코로나19로 침체된 미술시장이 왜 이토록 호황을 누리게 된 것인지 살펴

1 미국 영화감독 알렉스 라미레스 말리스(36)는 코로나19 봉쇄가 시작된 이후 1년간 방귀소리를 녹음하여 NFT로 제작한 후 85달러(약 10만 원)에 판매했다.

보자.

유동자금 유입

지난 15년간 세계 미술시장 흐름을 살펴보면 금융위기 여파로 큰 불황을 겪은 2009년과 코로나19로 인해 시장이 위축된 2020년이 가장 침체된 시기다. 그런데 최악의 불황으로 여겨졌던 2009년이 지나고, 세계 미술시장은 2010년 다시 급격히 회복되는 양상을 보였다. 현재 미술시장의 모습과 꽤 유사하다.

현재 미술시장의 호황은 코로나19로 풍부해진 시중의 자금이 미술시장으로 몰리기 때문으로 보인다. 부동산 투자에 한계가 생기면서 주식이나 암호화폐 등으로 번 여유 자금이 갈 곳을 찾다가 미술품 투자에 대한 관심으로 이어지고 있다. 기존의 중장년 컬렉터들은 미술품을 예술 활동의 결과물로 생각하는 경향이 높은 반면, 최근의 젊은 컬렉터들은 미술품을 투자의 대상으로 바라보는 경향이 강하다.

MZ세대가 미술품 투자에 높은 관심을 보이는 이유는 우선 예술작품에는 부동산 같은 취득세, 보유세 부담이 없고 양도세만 부과되기 때문에 상대적으로 세제 혜택을 받을 수 있다는 점이 매력적이다. 또한 늘 시장 상황에 촉각을 곤두세워야 하는 주식이나 암호화폐보다 불안감이 적고, 예술작품을 소유함으로써 얻게 되는 자기만족감이 크기 때문이다.

그러나 시장 규모가 작은 국내 미술시장의 갑작스러운 호황에 우려 섞인 눈길을 보내는 전문가들도 많다. 2009년 시장 위기 이후 곧바로 반등했던 글로벌시장과 달리 국내 미술시장은 이후 8년여간 장기 침체되었다. 이는 미술시장 자체의 견고한 기반 없이 자금 유동성에만 의존해 시장의 거래 규모가 좌지우지되다 보니 시장의 변동성이 그만큼 높아졌기 때문이다. 지금의 이 호황도 언제 신기루처럼 사라질지 모른다는 우려가 나타나는 이유이기도 하다.

미술품 온라인 쇼핑

온라인을 통한 미술시장의 접근성이 크게 향상된 점도 지금의 미술시장 호황을 견인했다. 《문화 트렌드 2021》에서 살펴봤듯이 코로나19가 확산되면서 미술관 같은 전시공간들은 온라인을 적극적으로 활용하기 시작했다. 그리고 팬데믹이 장기화되면서 경매회사는 물론이고 작가를 홍보하고 작품을 판매해야 하는 갤러리들도 온라인이나 소셜 네트워크를 통한 판로를 찾아나섰다.

세계 최대 갤러리 중 하나인 데이비드 즈위너(David Zwirner)도 '온라인 뷰잉룸'을 만들어 단순히 작품을 소개하는 것 이상의 정보를 제공하고 있다. 작품을 구매하기 위해 필요한 사전 정보뿐만 아니라 많은 갤러리가 공개를 꺼리는 작품 가격과 구매 가능 여부를 쉽게 확인할 수 있는 소통 창구를 마련했다. 또 다른 유명 갤러리인 하우저 앤 워스(Hauser & Wirth)는 VR 기술을 활용한 온라인 전시를 개최해 실제 전시장에 온 것처럼 전시를 관람할 수 있도록 했다. 갤러리를 방문하기 힘든 타 지역 컬렉터들과 젊은 층의 접근성을 확대해 신규 컬렉터를 발굴해내는 것이 이러한 온라인 전시의 목적이다.

전 세계 미술시장 규모가 2019년 644억 달러에서 2020년 501억 달러로 대폭 감소했음에도 온라인 미술품 판매액은 동기간 60억 달러에서 124억 달러로 두 배 이상 성장했다. 이는 미술시장의 무게중심이 온라인을 통한 판매로 대폭 옮겨졌음을 의미한다. 온라인

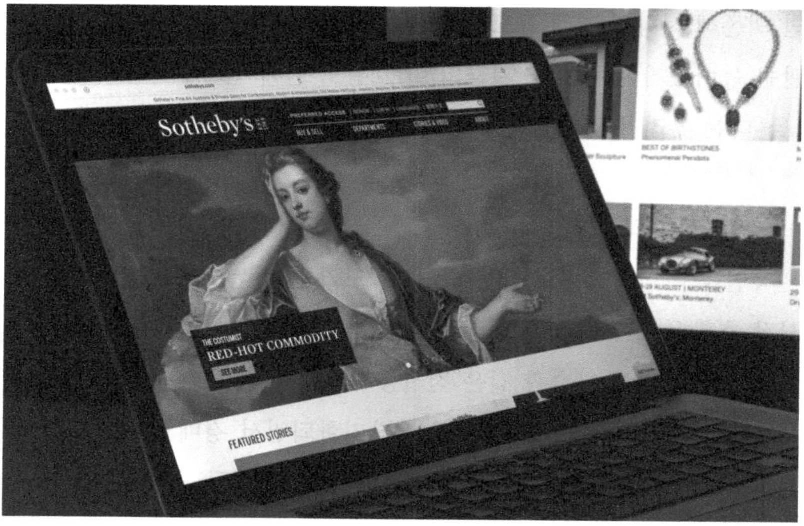

소더비 온라인 경매 사이트

사용환경에 익숙한 MZ세대가 마치 인터넷 쇼핑으로 옷을 사듯이 미술작품을 구입하는 데 별다른 거부감을 느끼지 않는 것이다. 이는 미술시장의 성장뿐만 아니라 MZ세대가 주요 컬렉터층으로 부상하는 데도 큰 역할을 한 것으로 보인다.

태산 쪼개 티끌(?)

예부터 "티끌 모아 태산"이라고 했다. 작은 것도 모이고 모이면 큰 것을 이룰 수 있다고 하는데, 요즘엔 큰 것을 쪼개고 쪼개 나누어 갖는 것이 트렌드로 부상했다.

미술품에 투자하고 싶으나 아는 작가는 많지 않고, 그렇다고 잘 모르는 작가의 작품을 구매하자니 리스크가 크고, 이름을 들어봤던 알 만한 작가의 작품은 너무 비싸서 망설이고 있는가? 이런 사람들을 위해 최근에는 블록체인 기술을 활용해 고가의 작품을 나누어 지분 소유권을 거래하는 방식이 주목받고 있다.

미술품 투자에 걸림돌이 되는 주요 요인 중 하나는 이 작품이 진품이 맞는지, 이만큼의 돈을 투자할 가치가 있는 작품인지에 대한 판단이 쉽지 않다는 점일 것이다. 실제로 많은 유명 작가들의 작품이 위작 논란에 휘말리고 있고, 미술품 거래에서 작품 내력을 인증해주는 통일된 포맷도 존재하지 않는다. 전문가가 아닌 이상 투자를 망설일 수밖에 없어 만약 작품의 진위 여부와 거래 내역을 투명하게 관리할 수 있다면 미술시장 거래가 더욱 활성화되는 계기가 될 것이다. 바로 이 부분에서 블록체인 기술이 활용될 수 있다. 데이터를 분산 저장하고 변경사항이 동시 적용되기 때문에 한 사람의 일방적인 데이터 위·변조가 어려운 블록체인 기술을 통해 투명한 미술품 거래를 가능하게 할 다양한 시도가 있어왔다.

지금은 사라졌지만 2013년 론칭한 어스크라이브(Ascribe)를 비롯해 작품의 증명서 발급이나 거래 내역을 관리하는 여러 플랫폼이 등장했다. 그중 현재까지 운영되고 있는 마에케나스(Maecenas)는 예술 투자를 위한 플랫폼으로 세계 최초로 블록체인 기반 순수 미술품 거래를 가능하게 했다. 작품을 토큰화하여 고가의 작품을 많은 사람이 소액으로 공동 소유할 수 있도록 하고, 기존의 경매업체 중개 수수료(12~30%) 대비 거래 수수료(2~6%)가 낮아 컬렉터들의 관심을 끌어모았다. 이제 적은 금액으로도 앤디 워홀, 피카소 같은 대가들의 작품을 소유할 수 있는 시대가 온 것이다.

국내에서도 아트앤가이드, 아트투게더, 아트블록 같은 플랫폼들이 김환기, 에바 알머슨, 데미안 허스트 등 유명 작가의 미술품을 보유

미술품 공동 투자 플랫폼 아트투게더

하고 있다. 작품의 공동소유자 중 50% 이상이 동의하면 매각하여 수익을 나누어 가질 수 있고, 작품을 백화점이나 호텔 같은 곳에 대여하여 얻는 수익 또한 공동 배분된다. 플랫폼을 통해 주식처럼 자신의 지분 소유권을 거래하여 시세 차익을 얻을 수도 있다. 지난 6월에는 편의점 이마트24가 아트투게더와 함께 선착순 이벤트를 열어 줄리안 오피의 〈러닝우먼(Running Women)〉 지분 소유권을 경품으로 증정했다. 자동차도, 명품도 아니고 이제 미술품이 이벤트 경품에 등장했다. MZ세대의 취향을 반영한 급격한 변화가 느껴진다.

집과 인테리어에 대한 관심

코로나19로 인해 사람들이 집에 머무는 시간이 많아지면서 2020~2021년은 가전제품과 인테리어 시장이 폭발적으로 성장한 시기였다. 이제 집은 휴식을 취하는 공간을 넘어서 사무실이기도 하고, 레스토랑이 되기도 한다. '온라인 집들이'와 같이 SNS를 통해 집 안을 공개할 기회가 많아진 것도 인테리어 관련 매출이 급격히 증가하는 계기가 되었다.

미술작품을 활용한 홈 인테리어

〈나 혼자 산다〉, 〈온앤오프〉, 〈독립만세〉 등 연예인들의 일상을 보여주는 예능 프로그램이 늘어나면서 인테리어에 대한 시청자의 관심도 커진 듯하다. 그들이 사용하는 소파, 냉장고, 믹서 하나까지 주목을 받으며 집안에 놓여있는 예술작품도 함께 화제가 되었다. 시청자가 화면을 통해 미술품이 주는 공간의 변화를 직접 느끼게 되면서 작품을 구매하고자 하는 욕구도 높아지고 있는 것으로 보인다.

이에 따라 백화점 등 유통업계에서도 미술품 관련 사업에 발 빠르게 움직이고 있다. 쇼핑 공간에 예술작품을 전시하는 것에 더해 갤러리와 컬래버레이션한 전시를 개최하기도 하고, VIP 고객을 대상으로 인테리어에 적합한 미술품을 추천해주는 아트 컨설팅 프로그램을 도입하기도 했다.

집 안에 걸려 있는 예술작품은 집주인의 재력뿐만 아니라 예술적 취향을 과시하는 수단이 된다. 사람들이 가구와 가전제품으로 채워지지 않던 공간의 허전함을 미술품이 채울 수 있음을 체감하기 시작한 것이다. 비록 20세기의 천재 화가 파블로 피카소는 "그림이란 집 안을 장식하기 위해 만들어진 것이 아니다. 이것은 적에 대한 공격과 방어의 전쟁도구다"라고 주장했지만 말이다.

3. Where is it going?

미린이와 컬린이의 성장

미술품 투자 초보를 일컫는 '미린이(미술품+어린이)', '컬린이(컬렉터+어린이)'는 현재 우리나라 미술시장 분위기를 단적으로 보여주는 신조어다. 미술시장의 호황으로 미술품 투자에 관심을 가지는 젊은 층이 급증하고 있기 때문이다. 전문가들은 이와 같은 새로운 컬렉터층의 등장과 온라인 경매 활성화 등의 호재로 미술시장이 중장기적으로 성장할 가능성이 크다는 낙관적인 의견을 보이고 있다.

해외 시장에서도 기존 아시아 미술시장의 메카로 여겨졌던 홍콩이 시위, 코로나19 등의 이슈로 인해 불안정해지면서 상대적으로 안정적인 한국이 아시아 미술시장의 신규 거점으로 주목받고 있다. 오스트리아, 프랑스, 영국 등에 지점을 가지고 있는 갤러리 타데우스 로팍(Thaddaeus Ropac)은 2021년 10월 한남동에 아시아 최초로 전초기지를 오픈하고, 2022년에는 아트 바젤(Art Basel), 피악(FIAC)과 함께 세계 3대 아트페어 중 하나인 프리즈(Freize)가 서울에서 개최된다. 전 세계적인 갤러리들이 한자리에 모일 이벤트에 많은 관심이 모아지고 있다.

물론 묻지도 따지지도 않는 투자는 언제나 위험하다. 미술품이라고 모두 수익을 얻을 수 있는 것도 아니고, 경매 수수료나 보관 비용을 생각하면 오히려 손해를 볼 수도 있으니 더욱 신중해야 한다. 미술품에 투자하는 것은 어쩌면 생각보다 장밋빛이 아닐 수도 있다. 미술품 구매의 매력은 비록 수익이 창출될 때까진 오랜 시간이 걸릴 수 있지만, 적어도 그동안 그 작품을 오롯이 즐길 수 있다는 점이다. '이 작품이 얼마나 오를까?'보다는 내 마음을 흔드는 작품을 찾는 것이 그 시작일 것이다. 오늘은 그저 근처 갤러리에 들러 어떤 작품이 내 마음을 흔들지 한번 살펴보는 건 어떨까?

2022년 서울에서 개최되는 프리즈 아트페어

2 보복소비

보복소비의 단골 대상 명품 백

2021년에는 코로나로 인해 많은 사람이 위축된 삶을 살았는데, 그 가운데에 부각된 하나의 특징적인 트렌드를 꼽자면 보복소비를 들 수 있다. 답답하고 제한된 삶에 지친 자기 자신에게 스스로 보상을 주는 소비를 뜻한다. 이제 이 현상은 소비생활에 국한된 것이 아니라 우리의 다양한 일상에서 트렌드를 형성하고 있다.

1. What do we see?

보복소비가 가장 특징적으로 나타난 분야는 명품 시장이었다. 외국 여행을 떠나지 못한 사람들은 그 대신 비싼 명품 백이나 고급 자동차, 한정판 럭셔리 운동화 등을 구입했다. 이러한 제품들을 생산하는 기업들은 코로나로 인한 호황을 누렸다. 그뿐만 아니라 비싼 한우 고기, 면역력 높이는 홍삼과 비타민, 고급 와인 등도 보복소비의 대상으로 꼽혔다.

그런데 사람들이 명품으로만 스스로에게 보상한 것은 아니었다. 외부에서 자유롭게 운동하기 힘든 상황에서 사람들은 운동기구를 구입하여 집에서 운동했고, 카페 이용이 어려운 상황에서 캡슐커피 기계를 구입해서 집에서 고급 커피를 마셨다. 게임방에 가는 대신 비싼 게임 기구를 구입해서 집에 최고급 게임방을 차리고, 영화관에 가는

집에서 즐기는 캡슐커피

대신 집에 스크린을 설치해서 유료 콘텐츠를 소비했다. 보복소비는 단지 비싼 제품을 구매하는 것만 의미하는 게 아니라 소비의 방식을 차별화하는 것, 특히 소비의 개인화를 의미했다. 즉, 보복소비는 소비의 수준을 끌어올렸을 뿐 아니라 소비의 방식을 바꾸었다. 이것은 마치 공공교통을 이용하던 사람이 개인 차량을 이용하거나, 공교육을 받던 학생이 학교 수업을 소홀히 하고 사교육에만 의존하는 것과 같은 큰 변화였다. 이러한 개인화된 서비스가 보복소비의 이름을 빌려 당당한 향유와 자기보상의 영역으로 진입했다.

2. Why is it?

그러고 보면 보복소비 또는 자기보상 현상이 반드시 코로나 때문에 갑자기 발생한 것은 아닌 것 같다. 우리는 코로나 이전에도 이미 소소한 행복을 추구하고 삶에 찌든 본인에게 보상하기 위해 지갑을 열어왔다. 이러한 트렌드를 소소하지만 확실한 행복, 줄여서 '소확행'을 추구하는 생활방식이라고 불러왔다. 소확행을 위한 소비가 이전에는 여행 등 취미생활이나 지인과의 교제를 위한 활동으로 이루어졌는데, 코로나로 인해 이러한 활동이 제한되니 더욱 대담하고 반항적인 방법으로 표출된 것이다. 즉 소확행과 보복소비는 동일한 뿌리에서 뻗어나온 두 개의 트렌드이고, 소확행은 주로 알뜰한 규모의 소비로, 보복소비는 명품구매 등 다분히 통 큰 소비로 나타났다고 볼 수 있다.

그렇다면 소확행과 보복소비가 공유하는 뿌리는 무엇일까? 이것은 넓은 의미에서의 보상 심리다. 보상의 대상이 자기 자신인 경우, 그

것이 삶의 고단함에 대한 보상일 때는 소확행의 형태로, 코로나19 같은 예측하지 못했던 위축 상황에 대한 보상일 때는 보복소비의 형태로 나타났을 뿐이다. 그러나 보상은 자기 자신에게만 일어나는 것은 아니다. 우리는 이미 지금까지 많은 보상 사례들을 보아왔다.

보상 심리

그 대표적인 것이 자식에 대한 부모의 보상 심리다. 여기에는 두 가지가 있다. 첫 번째로는 본인이 이루지 못한 꿈을 자식을 통해 이루려 하는, 사실상 부모 본인에 대한 보상을 자식을 통해 이루려는 심리다. 예를 들어 2020년 10월에 시작해서 2021년에 세 번째 시즌을 맞이하고 있는 드라마 〈펜트하우스〉를 보면 자식의 성공에 대한 집착과 욕망을 엿볼 수 있다. 두 번째로는 자식에 대한 어떤 형태의 미안함을 다른 형태로 보상하려는 심리를 들 수 있다. 예를 들어 바빠서 같이 놀아주지 못하는 부모가 그 대신 비싼 장난감이나 운동화를 사주는 행위에는 시간에 대한 결핍을 금전적 보상으로 대체하려는 심리가 작용

럭셔리 운동화

하고 있다. 본인을 위한 것이든 자식을 위한 것이든, 이러한 보상들은 종종 부정적 결과를 가져온다. 본인의 꿈을 위해 자식의 결정권을 빼앗는 경우는 말할 것도 없고, 자식에 대해 미안한 마음을 돈으로 보상하려는 행동 역시 돈이면 무엇이든 해결할 수 있다는 잘못된 교훈을 자식에게 가르칠 위험이 크다.

이러한 위험한 보상 행위에 비해 보복소비는 상대적으로 긍정적인 측면이 크다고 할 수 있다. 물론 보복소비 금액이 지나치게 커서 일상생활을 파탄에 이르게 할 정도이면 문제가 되겠지만. 코로나 이후 볼 수 있는 보복소비는 평소에 즐기던 여행이나 문화생활을 할 수 없게 되어 축적된 여유 자금을 사용하여 한 번 비싼 와인을 마시거나 한우를 사 먹는 정도로 표출되는 듯하다. 재난지원금이 지급될 때마다 한우 소비가 늘어난 것을 보면 아주 엉뚱한 소비는 아니었다. 또한 보복소비는 나름대로 본인의 행복과 자긍심 회복을 위한 용도이므로 정신적으로 긍정적인 측면도 있을 것이다. 그러므로 부정적 보상 행위가 대체로 이기심에서 비롯된 비정상적 상황에 대한 자기 합리화 기제라고 한다면, 보복소비는 불가피하게 형성된 제한된 소비환경으로 인해 받은 피해에 대한 자기 보상의 기제라고 할 수 있다.

원죄 의식

보상 심리가 발생하는 이유에 대해 더 깊게 들어가 보면 원죄 의식까지 닿게 된다. 마치 에덴동산에서 선악과를 따먹은 아담과 하와로 인해 인류의 죄악이 시작되었듯이 내가 의도하지는 않았지만 어쩔 수 없이 범하게 된 죄에 대해 보상해야 한다는 의식이 사람마다 있게 마련이다. 예를 들어 코로나가 나타난 것은 내 탓이 아니지만, 그로 인해

아담과 하와의 원죄

내 몸이 겪는 고생에 대해서는 내가 보상해야 한다는 것이 보복소비로 나타난다. 보상 심리도 마찬가지다. 더 많은 돈을 벌기 위해 자식들과 놀아줄 시간이 없다는 것이 충분한 이유가 된다고 스스로 믿더라도(물론 타당하지 않지만) 그로 인해 자식이 사랑을 덜 받는 것에 대해 금전적으로 보상하려는(물론 부적절하지만) 심리는 바쁜 부모가 갖는 원죄 의식을 반영하고 있다.

어떤 경우에는 원죄 의식이 긍정적인 방식으로 발현되기도 한다.

예를 들어 환경을 파괴하는 인류의 한 명으로서 갖는 원죄 의식은 환경 보호를 표방하는 기업의 제품을 비싸게 구매하는 방식으로 보복소비를 하도록 한다. 업사이클링 기업인 파타고니아나 프라이탁의 제품들을 업사이클링이 아닌 유사 기업의 제품들보다 선호할 때 이러한 원죄 의식이 작용할 수도 있다. 또는 노동에 대한 정당한 대가를 지불하지 않는 것으로 알려진 글로벌 기업으로부터 노동자를 보호하지 못한다는 원죄 의식은 공정 무역을 표방하는 기업의 제품을 구매하는 방식으로 보복소비를 하도록 한다. 이것 역시 본인이 불공정한 세상을 만든 조력자였다는 원죄 의식이 반영된 소비다.

이와 관련하여 2021년 2월 세상에 전해져서 많은 사람의 마음을 따뜻하게 해준 소식은 앞에서 설명한 원죄 의식이 더욱 적극적으로 발현된 사례를 보여준다. 홍대 입구에서 영업하는 치킨집 사장님이 5천 원밖에 없어 치킨을 사 먹을 수 없어 주저하던 고등학생 형제에게 치킨을 무료로 제공했고, 이 사실에 대해 형제가 프랜차이즈 본사에 직접 편지를 쓴 것이 알려지자 많은 일반 시민이 홍대 입구 치킨집을 '돈쭐내자'고 나선 것이다. 여기에서 돈쭐낸다는 것은 '돈을 써서 혼쭐내자'라는 뜻의 신조어인데, 선행에 상을 주기 위해 많은 주문을 넣어주는 행위를 뜻한다. 이 사건 이후 사회적으로 선행을 실천하거나 억울한 일을 당한 경우 시민이 집단적으로 보복소비를 해주는 현상이 종종 나타났고, 2021년 8월에는 국제적 난민을 수용해준 진천에 고마움을 표시하는 '돈쭐내기' 운동도 나타났다. 이것은 사회 공동체 의식의 표출이자 집단적 원죄 의식을 극복하기 위한 적극적인 대응행동이라 할 수 있다.

3. Where is it going?

2021년에 나타난 보복소비와 그 이면에 존재하는 보상 심리와 원죄의식 극복의 트렌드는 이제 어떻게 진화할 것인가? 사실 2020년에 발견한 방구석관람이나 굿즈 소비의 경향은 보복소비의 전조 현상이었고, 이 추세는 2022년에도 계속될 것으로 보인다. 여기에서 몇 가지 방향을 예측해본다.

첫째, 코로나 사태가 진정될 것으로 예상되는 2022년 초에는 본격적인 보복소비가 시작되어 그 영향이 미치는 영역도 크게 확산될 것이다. 앞에서 명품, 운동화, 럭셔리 카 등으로 촉발된 보복소비는 고급 건강보조제품, 캡슐커피, 거실 내 영화관, 홈 트레이닝 기구 등 비교적 소소하지만 개인화된 제품 구매로 이어졌다고 설명했다. 이제 그 대상은 더 넓어질 것으로 보이는데, 예를 들어 개인의 취향에 맞게 제조되는 음료나 향수, 개인의 건강 상태에 맞게 처방되는 건강보조제, 또는

메타버스 굿즈

가상공간에서 개인의 아바타만을 위해 제작되는 장신구 등으로 진화할 가능성이 보인다. 즉 과거에는 최상위 계층만 누릴 수 있었던 높은 수준의 맞춤형 제품 또는 서비스를, 비록 기술의 발전에 힘입어 더욱 대중화되기는 했지만 여전히 높은 비용을 기꺼이 부담하면서 코로나 사태에 지친 자기 자신만을 위해 누리려 하는 보복소비가 이루어질 것으로 예측할 수 있다. 이것은 개인화된 소비, 기술의 진보, 그리고 자신에 대한 위로의 트렌드가 복합되어 나타나는 현상이다.

둘째, 보복소비는 단지 경제적 소비생활에 국한되지 않고 더 광범위한 범위에서 우리의 다양한 생활 영역에 영향을 미치게 될 것이다. 예를 들어 정치적인 측면을 살펴보자. 우리는 투표를 통해 정치적 권리를 '소비'한다. 즉, 각자에게 주어진 평등한 투표권을 본인의 취향에 따라 사용하는 것이다. 이 과정에서 사람들은 위축되고 억눌린 상황을 타개하는 방향으로 정치적 권리를 소비할 수 있다. 즉 기성 체제에 대한 반발을 표출하는 방식으로 정치적 보복소비가 일어날 수 있다는

정치적 보복소비 과정인 투표

것이다. 예를 들어 2021년 5월의 재보궐선거에서 많은 국민은 서울 시장과 부산시장으로 야당의 후보들을 선출했는데, 여러 언론사는 이에 대해 공정과 정의에 대한 국민적 기대에 부응하지 못한 여당을 응징하는 심리가 이 투표 결과에 반영되었다고 해석했다. 그런데 이러한 보복 심리는 반드시 여당에 대해서만 적용되는 것은 아닐 것이다. 만약 국민이 야당에 대해 갖는 기대에 부응하지 못하면 2022년 대통령 선거에서는 정치적 보복소비가 여당에 유리한 투표로 나타날 수도 있다. 적절히 분출되거나 표현되지 못하는 민심은 투표를 통해 표출되기 마련이다. 투표권을 가진 국민이 수행하는 이러한 정치적 보복소비는 경직된 기존의 정치 체제를 새로운 시대에 맞게 유연하게 적응시키는 긍정적인 측면이 있는 반면에 정치적 이슈의 과다 소비로 인해 불필요한 정쟁과 논란을 낳는 부정적인 측면도 있다. 그러나 정치적 보복소비의 통로마저 막힌 사회를 상상해보면 이러한 점진적인 변화를 통해 국민의 생존권이 보호될 수 있다는 것을 금세 알 수 있다. 그 누구도 언론과 집회의 자유가 통제된, 즉 정치적 보복소비의 통로가 막힌 사

연대를 통한 정의구현

회에서 살고 싶지는 않을 것이다.

셋째, 보복소비는 기본적으로 자기 자신에 대한 위로와 보상의 심리를 바탕으로 발생하는 것이지만 이는 더 나아가 다른 사람들과 연대하여 타인을 위한 보복소비를 하는 현상으로 확산될 것으로 예측된다. 위에서 설명한 '돈쭐내는' 경우가 그 전조 현상이었다. 사실 우리는 오랫동안 연말연시마다 이루어졌던 불우이웃 돕기나 큰 사회적 재난이 발생했을 때마다 쇄도했던 성금을 보아왔다. 그런데 최근 볼 수 있는 현상은 국가나 사회적인 차원에서 이루어지는 도움이 아니라 어찌 보면 지극히 개인적인 관찰에서부터 촉발되는 도움이었다. 도움을 받아 마땅한 사람에 대해 어느 시민이 온라인에 게시하면 그에 동감하는 많은 사람이 연대하여 보복소비를 하는 현상이다.

이 과정에는 연말연시 불우이웃 돕기를 위한 정부의 대대적인 홍보 같은 공적인 노력이 개입되지 않았다. 또한 불우이웃 돕기에 큰 금액을 기부한 기업이 사회적으로 명망을 얻는 등의 반대급부도 개입되지 않았다. '돈쭐내기'에 참여하는 시민은 오직 도움을 받아 마땅한 사람이 그에 상응하는 보상을 받아야 한다는 시민 의식을 발휘하는 것이고, 이것을 최근에 유행하는 보복소비의 형태로 행동에 옮겨서 해당 점포에 호의적인 대량 주문을 하는 것이다. 이런 의미에서 향후 보복소비는 연대를 통한 정의구현의 형태로 나타날 수 있다는 것이다.

사실 연대를 통한 정의구현 운동은 이전에는 소비가 아니라 집회, 시위 또는 지지의사 표명 등을 통해 이루어졌다. 특정 국가의 인권을 보호하기 위한 국제인권단체의 압력, 특정 국가의 언론의 자유를 보장하기 위한 기자협회의 성명, 특정 지역의 환경 보호를 위한 관련 단체의 집회 등이 그 예다. 그런데 이러한 연대는 종종 정치적 행위로 해석되었고, 따라서 원론적인 의미보다는 개인의 정치적 성향에 따라 찬반 의견이 나뉘는 것이 다반사였다. 예를 들어 원론적으로는 환경 보호를 지지하지만 특정 지역의 환경 보호를 위해 집회를 하는 관련 단체의 정치적 성향이 본인이 지지하는 정치적 집단과 상이한 경우 지지하지 않는 현상도 나타났고, 원론적으로는 인권 보호를 지지하지만 특정 국가의 인권을 보호하기 위해 활동하는 단체의 정치적 성향이 본인의 정치적 성향과 상이한 경우 그 활동을 지지하지 않는 현상도 나타났다. 그러나 최근에 나타나는 연대를 통한 보복소비 현상은 이러한 정치적 성향과 무관하다는 특징을 갖는다.

코로나로 인해 촉발된 보복소비는 럭셔리 제품을 넘어 대중화된 제품으로, 경제적 소비를 넘어 다양한 차원의 소비로, 그리고 개인적 소비를 넘어 연대를 통한 소비로 진화하고 있다. 이러한 보복소비는 우리 사회를 더 나은 사회로 만들 것인가?

3 구독경제

구독 열풍

유튜브 영상을 보다 보면 마지막에 항상 유튜버들이 외치는 구호가 있다. "구독과 좋아요를 눌러주세요!" '구독(購讀)'의 사전적 의미는 "책이나 신문, 잡지 등을 정기적으로 구입하여 읽다"라는 뜻인데, 최근에는 매달 일정액의 요금을 내고 다양한 물건이나 서비스를 제공받는 것도 '구독'이라고 한다. 또한, 오픈 사전에서는 "서로 팔로우하지 않고 본인만 상대방을 팔로우하는 것"을 '구독'이라고 정의하고 있다. 그렇다면, '구독'이라는 개념은 문화계에 어떤 영향을 미치고 있을까?

1. What do we see?

한 달 구독료는 얼마?

한번 가만히 생각해보자. 여러분이 정기적으로 구독하는 서비스는 몇 가지인가? 통장에서 한 달에 정기적으로 결제되는 구독료는 얼마인가? 음악 플랫폼 하나, 동영상 OTT 플랫폼 하나, 쇼핑 월정액권, 전자책 정기구독, 정수기 렌털, 거기에 얼마 전 무료체험에 혹해 신청했다가 결제 해지하는 것을 깜박하고 얼떨결에 또 구독하게 된 플랫폼까지.

한 달에 정기적으로 결제되는 구독료만 해도 무시하지 못할 수준이다. 각각의 구독료는 분명히 소액이었는데, 필요한 것이 생길 때마다 하나씩 가입했더니 그 금액이 야금야금 늘어났다. 가입할 때는 '커피 한잔 덜 마시면 되지 뭐'라고 생각했는데, 마시던 커피도 계속 마시고, 매달 통장에서 빠져나가는 구독료도 계속 늘어만 간다.

구독 플랫폼의 홍수

최근 가장 많이 소비되는 월정액 구독 서비스는 넷플릭스, 웨이브, 유튜브 프리미엄 등의 동영상 플랫폼이 아닐까 한다. 매달 일정 금액을 지불하면 플랫폼에서 서비스하는 영화, 드라마, 예능을 무제한으로 볼 수 있다. 그간 드라마 한 편에 1,500원, 신작 영화 한 편에 1만 원을 지불하며 시청하던 시청자에게 월정액 서비스는 매력적으로 다가왔다. 특히 코로나19로 인해 이러한 OTT 구독자 수가 폭발적으로 증가했다. 집에 있는 시간이 많아지면서 무료한 시간을 달래기 위해 영화나 드라마를 감상하는 수요가 늘어났고, 영상 소비 시간이 증가할수

디즈니 플러스를 감상하는 어린이

록 소비자에게 월정액은 '남는 장사'로 여겨졌다.

분명히 처음엔 하나의 구독 서비스로 시작했는데, 자꾸 다른 플랫폼이 눈에 들어오기 시작한다. 코로나19가 장기화되면서 사람들이 이미 많은 콘텐츠를 소비했고, 새로운 것을 찾는 소비자는 이제 다른 플랫폼을 찾아 나서기 시작했다. 정보통신 조사기관 컨슈머인사이트에 따르면 OTT 유료 서비스 이용률은 2018년 30%에서 2020년 46%로, 1인당 이용하는 서비스 개수는 2018년 1.26개에서 2020년 1.47개로 급격히 증가하는 양상이다.

절대적 우위를 점하고 있던 넷플릭스가 최근 주춤하는 모양새를 보이자 왓챠, 웨이브, 티빙 등 국내 OTT 서비스 업체들이 공격적 마케팅을 시작하면서 실제로 여러 플랫폼을 함께 이용하는 사용자가 늘어나는 것으로 보인다. 자본력과 막강한 콘텐츠를 앞세운 디즈니 플러스가 2021년 11월 한국 서비스를 시작하는 등 해외 공룡 플랫폼들이 한국 시장 진출을 앞두고 있어 향후 동영상 구독 서비스 경쟁이 더욱 과열될 것으로 예상된다.

별걸 다 구독하는 사람들

현재와 같은 디지털 기반 정기구독 서비스의 원조는 2010년 론칭한 미국의 버치박스(Birchbox)라고 할 수 있다. 구독자들에게 한 달에 한 번 화장품 샘플을 보내주고 나중에 본제품을 구입할 때 할인해주는 서비스다. 나에게 맞는 화장품을 찾아 헤매던 소비자의 마음을 사로잡아 구독 서비스 열풍을 일으켰다. 우리나라에서는 2011년 이와 유사한 형태의 뷰티용품 정기구독 서비스인 미미박스(Memebox)가 론칭하면서 디지털 기반 정기구독 서비스가 본격적으로 시작되었다.

요즘에는 정기적으로 꽃을 보내주는 꽃 정기구독, 생활패턴에 맞는 요금제를 정하면 빨래를 수거하고 세탁해주는 빨래 정기구독, 교체 시기에 맞춰 면도날을 보내주는 면도기 정기구독도 있다. 그 외에 차(茶), 제철 음식, 생리대, 영양제까지 구독할 수 있는 등 아이템은 무궁무진하다.

전기자동차 제조회사인 테슬라는 자사 자동차에 적용되는 완전 자율주행(Full Self-Driving, FSD) 기능을 구독 서비스로 제공한다고 발표했다. 기존에는 차량 구매 시 약 900만 원 상당의 옵션으로 선택해야 했던 기능을 월 22만 원 수준의 정액 서비스로 사용할 수 있다. 그리고 이 기능이 필요 없을 때는 언제든 구독 취소가 가능하다. 초기 지불 비용을 낮춤으로써 많은 이용객을 확보하고 이를 통해 빅데이터를 구축하고자 하는 전략으로 보인다.

점점 더 정교하고 다양해지는 구독 서비스를 보며 내일은 또 어

테슬라의 자율주행 기능

떤 새로운 서비스가 등장할지 궁금해진다.

2. Why is it?

그렇다면 '구독'이라는 소비 형태가 이토록 대중화된 이유는 무엇일까? 기업 입장에서는 고객과의 장기적인 관계를 맺을 수 있고, 고객 입장에서는 다양하고 유연한 소비가 가능하다는 점이 가장 매력적으로 다가왔을 것이다.

구독경제의 과거

구독이라는 소비방식은 꽤 오랜 시간 지속되어왔다. 조간신문이나 월

간 잡지를 구독하던 것 외에도 우유, 야쿠르트를 정기적으로 배달 받아 마시던 것도 모두 구독경제의 한 형태다. 정수기 같은 전자제품의 렌털과 정기 관리 서비스도 일종의 구독이라고 볼 수 있다. 그중에서도 신문 구독은 한 집 건너 한 집마다 '신문 사절'이라는 문구가 붙어 있었을 만큼 무엇보다 해지가 가장 어려운 구독이기도 했다.

동영상 OTT 구독 플랫폼의 선봉장이라 할 수 있는 넷플릭스도 처음에는 오프라인 구독 사업으로 창업한 회사다. 창업자인 리드 헤이스팅스(Reed Hastings)는 빌렸던 비디오를 제때 반납하지 못해 연체료를 내다가 사업 아이디어를 떠올렸다고 한다. 한 달에 정해진 금액을 내면 얼마든지 원하는 만큼 비디오를 대여할 수 있는데, 다만 먼저 빌렸던 비디오를 반납해야 다음 비디오를 대여할 수 있다는 조건이 있었다. 따라서 소비자는 하나의 비디오를 오래 본다고 연체료를 내지는 않지만, 다양한 영화를 많이 보기 위해 비디오를 더 빨리 반납하게 되었다. 넷플릭스의 이러한 구독 사업 모델은 온라인 스트리밍 서비스로 진출하면서 더욱 빛을 발하게 된다.

고객과의 관계 맺기

기업 입장에서 구독 서비스는 여러 장점을 지니고 있다. 우선 예측 가능한 고정적 수입이 발생한다. 소비자가 월정액으로 꾸준히 비용을 지불하기 때문에 기업은 물류나 재고관리 측면에서 계획적인 운영이 가능해진다. 또한 소액결제로 초기 진입장벽이 낮아 소비자가 쉽게 가입할 수 있는 것도 장점이라고 할 수 있다.

하지만 무엇보다 구독경제가 가지는 큰 장점은 고객과의 긴밀한 관계 맺기가 가능하다는 점이다. 소비자는 단순히 일회성 거래로 제품을 구매하는 회사보다 구독 경험이 있는 회사와 더 연결되어 있다고 느낀다. 본질적으로 D2C(Direct-to-Consumer) 모델인 구독 비즈니스를 통해 기업은 구매자의 다양한 정보를 입수하게 되고, 이는 기업이 고객의 요구를 충족시키기 위해 서비스를 개선할 수 있게 해주는 귀중한 자원이다. 구독을 통해 수집되는 심도 깊은 정보는 기업이 소비자에게 개인화된 서비스를 제공하여 더욱 장기적 관계를 맺을 수 있게 하는 바탕이 된다.

콘텐츠 노마드

노마드(nomad)란 '유목민'을 뜻하는 단어다. 원래 유목민은 "몽골이나 중앙아시아 지역에서 목축업을 하며 한 곳에 정착하지 않고 이동하며 사는 사람들"을 뜻하지만, 현대의 유목민은 "디지털 기기를 들고 시공간의 제약 없이 세상과 소통하며 사는 사람들"을 뜻한다. 캐나다의 미디어 이론가 마셜 매클루언(Marshall Mcluhan)은 "사람들은 빠르게 움직이며 전자제품을 사용하는 유목민이 될 것이다"라고 말했고, 40여 년이 지난 지금 그의 예언은 적중했다. 그리고 이러한 노마드는 비단 공간적인 이동만을 말하는 것이 아니라 정착보다는 유연성을, 소유보다는 접근성을 추구하는 현대인의 삶의 방식을 칭하기도 한다.

이런 측면에서 최근의 소비자는 '콘텐츠 노마드'라고 부를 수 있을 듯하다. 자동차 공유 서비스나 공유 오피스 등의 인기에서 확인할 수 있는 것처럼 최근 소비자는 어떤 물건을 소유하는 것보다는 접근성을 더 중요하게 생각한다. 필요한 순간 차를 사용할 수 있다면, 굳이 자신의 명의로 된 차를 소유하기 위해 많은 비용과 유지관리 노력을 들일 필요가 없다는 것이다. 이는 문화콘텐츠 분야에서도 동일하게 적

정착하지 않는 노마드(nomad, 유목민)의 삶

용되어 DVD를 모으거나 음원 파일을 저장해서 감상하는 것이 아니라 필요할 때 언제라도 들을 수 있는 스트리밍 서비스를 구독한다.

또한 그들은 자신의 호기심을 자극할 만한 새로운 콘텐츠를 계속 찾아 나서는데, 일단 감상을 시작했더라도 취향에 맞지 않거나 재미가 없다고 생각되면 금세 다른 콘텐츠로 돌아선다. 소유하지 않음으로써 언제라도 새로운 것을 시도할 수 있는 유연성을 갖추게 되는 것이다. 구독 시스템은 이러한 콘텐츠 노마드에게 최적의 도구로 활용되고 있다.

'무제한'이라는 달콤한 유혹

최근 구독경제를 이끌어가고 있는 디지털 콘텐츠 플랫폼들은 대부분

일정 금액을 지불하면 제공하는 콘텐츠를 '무제한' 이용할 수 있도록 했다. 이러한 서비스는 소비자에게 좋은 유인책이 되는데, 특히 요즘처럼 콘텐츠 소비가 시공간 제약 없이 이루어지는 환경에서는 더욱 매력적인 조건이다.

이는 입장료를 내면 원하는 만큼 모든 메뉴를 먹을 수 있는 뷔페식당의 원리와도 같다. 사람들은 음식의 다양성, 양과 질, 가성비 등을 이유로 뷔페를 찾고, 뷔페식당에 들어가면 먹음직스러워 보이는 다양한 음식과 화려한 분위기에 마음이 사로잡힌다. 하지만 뷔페에서 우리는 늘 만족스러운 식사를 하는가? 새로운 음식이 많아 보이지만, 실제로는 먹던 것만 먹게 되는 경우가 많고, '본전'을 뽑아야 한다는 생각에 욕심을 부려 체하게 되는 날도 많다. 우리는 '무제한'이라는 단어에 굉장히 많은 선택지를 가진 것처럼 느끼지만, 사실 소비할 수 있는 한계는 늘 존재한다.

최근 '넷플릭스 증후군(Netflix syndrome)'이라는 신조어가 등장했다. 넷플릭스에 접속해서 무엇을 감상할지 고르다가 정작 작품은 보지 못하고 시간을 다 허비하는 현상을 말한다. 너무 많은 콘텐츠가 있다 보니 검색하고 구경하는 데 더 많은 시간을 보내는 일종의 '풍요 속의 빈곤'을 경험하게 되는 것이다. 넷플릭스는 자신들의 경쟁상대를 수면시간이라고 정의했다. 그만큼 사람이 활동할 수 있는 시간에는 한계가 있고, 우리가 콘텐츠 소비에 사용할 수 있는 시간도 한정적이라는 뜻이다. 말인즉, '무제한'이라는 달콤한 유혹이 우리를 구독경제로 이끌고 있지만 그렇다고 해서 우리가 그 수많은 콘텐츠를 다 즐길 수 있는 것은 아니라는 점이다.

'무제한' 먹을 수 있는 뷔페식당

3. Where is it going?

구독피로

구독 서비스가 범람하면서 '구독피로'를 호소하는 사람들이 많아졌다. 다양한 제품과 서비스를 경험하고 싶어 구독을 선택했던 소비자가 오히려 해당 플랫폼에 얽매이게 되어 그 안에서 원하는 것을 찾아 헤매는 것에 피로감을 느끼는 현상이다. 보고 싶은 영화가 있으나 지금 구독하는 플랫폼에는 없고, 그렇다고 이 콘텐츠 하나 때문에 새로운 플랫폼에 가입하기도 꺼려진다. 신규 구독 서비스가 누적될수록 비용

부담은 커지고, 선택 장애도 늘어가는 악순환이 반복된다.

사실 한번 가입한 구독 서비스를 해지하기란 쉽지 않다. 최근 나아졌다고는 하지만 가입은 앱에서 두세 단계만 거치면 가능한 데 반해, 해지는 꼭 웹사이트에 접속하여 무려 열 단계가량 거쳐야 가능하게 만든 플랫폼들이 많다. 해당 서비스를 이용하면서 축적된 자신의 취향이 반영된 데이터에 대한 미련뿐만 아니라 이 서비스가 다시 필요한 순간이 오지 않을까 하는 망설임 역시 구독 서비스 해지를 더욱 어렵게 만든다.

코로나19로 인해 각 OTT 서비스에서 경쟁력으로 내세웠던 오리지널 콘텐츠의 제작이 지연되고 신규 콘텐츠 유입이 줄어든 것도 최근의 구독피로감을 부추기고 있는 것으로 보인다. 구독하고 있는 플랫폼에서 볼만한 프로그램이 없다고 생각되는 순간, 구독자의 머릿속에서는 가성비와 본전에 대한 고민이 시작된다. 이처럼 콘텐츠 노마드로 살아가는 길은 멀고도 험하다.

뭉쳐야 산다

이러한 구독피로를 줄여줄 틈새 서비스들이 속속 등장하여 관심을 모으고 있다. 저스트워치(JustWatch), 키노라이츠(Kinolights) 같은 앱을 사용하면 원하는 콘텐츠가 어떤 플랫폼에서 제공되고 있는지 한눈에 확인할 수 있다. 자신이 구독하고 있는 플랫폼을 설정해두면 그 안에서 검색도 가능하고, 신규 작품과 취향에 맞는 작품이 함께 추천된다. 과거 각 쇼핑몰에서 최저가 경쟁이 일어나자 다나와(Danawa), 호텔스컴바인(Hotels Combined) 등의 가격 비교 사이트들이 쏟아져 나온 것과 유사한 양상이다.

OTT 플랫폼 검색 서비스 JustWatch

2021년 5월 론칭한 스트럼(Struum)의 경우에는 여러 동영상 OTT들을 통합해서 제공하는 스트리밍 서비스다. 현재 전 세계 OTT 시장은 소수의 대형 업체들이 75% 이상의 시장을 점유하고 있는데, 스트럼은 그 외 250개 이상의 중소 콘텐츠 업체들의 콘텐츠에서 가능성을 찾는다. 중소 업체들도 대부분 자체 구독 서비스를 운용하고 있지만, 콘텐츠의 수나 서비스 측면에서 대형 스트리밍 업체를 따라갈 수 없어 성장의 한계에 직면하고 있다. 따라서 스트럼은 이 플랫폼들을 통합하여 한 번의 회원 가입으로 월 4.99달러의 구독료를 지불하면 제휴 OTT 프로그램을 모두 볼 수 있는 상품을 도입했다. 무제한 시청 가능한 것이 아니라 크레딧을 제공하고 콘텐츠 시청 시 차감되는 방식이다. 보고 싶은 콘텐츠가 자신이 구독하는 서비스에 없어 포기해야 했던 많은 소비자에게 분명히 매력적인 서비스가 될 것으로 보인다.

구독을 기반으로 한 플랫폼이 늘어날수록 앞으로 여러 플랫폼을 통합하여 제공하는 이러한 서비스는 지속적으로 증가할 것으로 보인다. 비단 같은 장르의 플랫폼뿐만 아니라 음악, 전자책, 동영상, 웹툰 등 장르를 넘나드는 이종결합을 통해 신규 고객층을 확보하고 다양한 문화콘텐츠를 한 번에 즐길 수 있는, 마치 대형 쇼핑몰 같은 서비스의 등장도 멀지 않은 듯하다.

구독경제의 미래

2021년 5월 네이버는 프리미엄 콘텐츠 구독 서비스의 시범 운영을 시작했다. 심층 분석 뉴스 등을 유료 구독하는 플랫폼으로 텍스트, 영상, 오디오 등 다양한 형태의 콘텐츠를 지원한다. 시범 운영이 시작되면서 경제 분야를 중심으로 뉴스 유료화에 관심을 가지고 있던 언론사나 콘텐츠 창작자들이 참여했다. 시범 운영 초기인 현재로서는 그동안 '공짜'로 보던 기사들을 굳이 '유료'로 구독해야 하느냐에 대한 소비자의 회의 때문에 가시적인 성과를 보긴 어려운 듯하다.

그러나 기존에 유료로 개별 구매하던 제품이나 서비스에 대한 구독 서비스는 앞으로도 더욱 활성화될 것으로 보인다. 앞서 살펴보았듯 구독 기반 비즈니스 모델은 고객은 물론 기업과 이해관계자들에게 많은 이점을 제공한다. 유연성과 경험에 중점을 둔 구독경제는 소유보다 접근성을 중요시하는 소비자의 니즈에 부응하고, 기업은 수익의 예측 가능성을 비롯해 방대한 고객 데이터 축적으로 경영 자원을 더욱 효과적으로 활용할 수 있다. 글로벌 IT리서치 그룹 가트너(Gartner Research)는 소비자에게 제품이나 서비스를 직접 판매하는 기업의 75%가 향후 구독 서비스를 제공할 것으로 예측했다. 현재 동영상 OTT 플랫폼이나 음원 스트리밍 서비스 등이 이끌어가고 있는 콘텐츠 구독경제는 2022년 더 다양한 장르로 성장해나갈 것으로 기대된다.

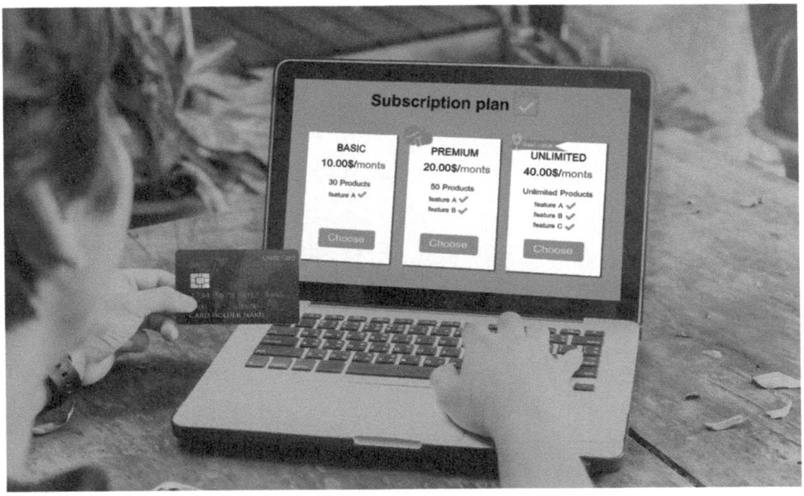

오늘도 하나 더 추가되는 구독 서비스

II 콘텐츠 시장의 지각변동

4 디지털 캐릭터

그룹 BTS의 멤버 RM의 디지털 캐릭터

2021년 가장 부각된 문화 트렌드 중 하나는 메타버스의 돌풍과 관련된 디지털 캐릭터일 것이다. 이미 2021년 트렌드 예측에 상당한 비중으로 다뤄졌던 부캐와 디지털 기술이 결합된 트렌드는 가상현실 기술의 진보와 더불어 2022년에는 새로운 이슈를 제시할 것으로 보인다.

1. What do we see?

캐릭터, 특히 부캐는 다양한 형태로 만들어진다. 《문화 트렌드 2021》에서 설명했듯이 예명과 필명, 〈복면가왕〉에서의 복면 캐릭터, 또는 유산슬, 카피추, 마미손 같은 예능 캐릭터도 모두 부캐다. 2021년 〈놀면 뭐하니?〉에 출연하여 'MSG워너비'라는 그룹을 결성한 가수 김정민은 다소 특이하게도 본명인 김정수를 부캐로 삼기도 했다. 하긴 가수 비도 영화에 출연할 때 본명인 정지훈을 사용했고, 가수 솔비는 미술작가로 활동하면서 본명인 권지안을 사용했다. 그러나 이러한 경우는 한 분야에서의 기존 이미지를 탈피하고 새로운 영역에서 새로운 이미지를 확립하려는 시도로 해석할 수 있다. 이러한 부캐 만들기는 주로 유명 연예인들을 중심으로 발생했다.

그런데 2021년 메타버스에서의 부캐를 일반인들이 만드는 현상이 급증했다. 바로 디지털 캐릭터다. 한국에서 일반인의 디지털 캐릭터는 사실 1999년 서비스를 시작한 〈싸이월드〉까지 거슬러 올라갈 수 있다. 그 당시에 어떤 면에서는 이미 트위터나 페이스북보다 우수한 SNS 환경을 창조했던 〈싸이월드〉는 글로벌 확장을 이루지 못하고 서비스 중단을 맞이해야 했는데, 사실 〈싸이월드〉는 트위터나 페이스북이 갖지 못한 디지털 캐릭터와 나만의 공간이라는 독특한 특성을 갖고 있었다. 이제 싸이월드는 2021년 서비스 재개를 위해 박차를 가하고 있다.

물론 본인을 상징하는 디지털 캐릭터가 가상공간에서 다른 사람들의 캐릭터와 상호작용하는 서비스는 역사가 깊다. MMORPG(다중접속 온라인 롤플레잉 게임)라고 부르는 게임들, 예를 들어 1998년

〈싸이월드〉 홈페이지

출시된 〈리니지〉에서는 게임을 하기 위해 본인을 상징하는 캐릭터를 설정하게 된다. 그러나 이러한 게임에서는 상대방과 겨루어 승리하는 등의 명확한 목표에 초점을 맞출 뿐 캐릭터를 꾸미거나 독자적인 목표를 설정하는 역할을 담당하지는 않는다.

3차원 가상공간에서 다른 사용자와 소통하며 건축물도 지을 수 있는 프로그램으로 1995년 개발된 〈액티브월드〉가 있다. 디지털 캐릭터가 3차원 공간에서 구현된 것이다. 이것을 도입하여 국내에서도 1999년 〈다다월즈〉가 문을 열었고, 이 공간에서 삼성증권 등 여러 기업이 가상 토지를 구입하여 입주했다고 한다.

그 이후 2003년 출시된 〈세컨드라이프〉는 본인만의 아바타를 꾸미는 데 집중하면서 다른 플레이어와 더불어 경제적 활동을 할 수 있었던 본격적인 온라인 가상현실 프로그램이었다. 다른 아바타들과 함

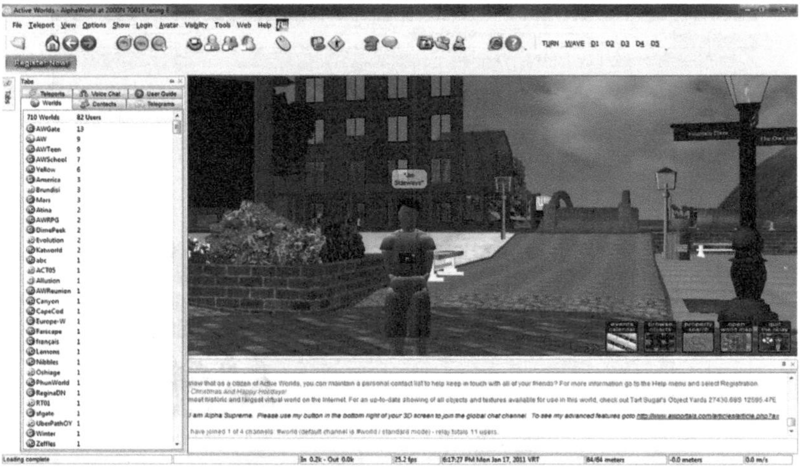

〈액티브월드〉 화면

께 여행과 쇼핑, 롤플레잉 게임을 하고, 기업을 설립하거나 부동산을 개발해서 디지털 화폐를 벌고, 디자인 제품을 판매할 수 있는 공간이었다. 현실을 반영하는 가운데 정치적인 이슈도 등장했는데, 2008년에는 〈세컨드라이프〉에 자리 잡았던 사이버 독도에 혐한 플레이어들이 욱일기까지 가져와서 분란을 일으켰다.

이러한 경향은 더욱 구체적인 라이프로깅 현상으로 이어졌는데, 2011년 출시되어 모든 것이 블록으로 만들어진 세계에서 친구들과 함께 플레이하는 프로그램인 〈마인크래프트〉에서는 2020년 어린이날에 청와대를 공개하는 행사가 진행되기도 했고, 2020년 출시된 〈모여봐요 동물의 숲〉에서는 조 바이든 선거캠프에서 홍보를 위한 공간을 마련하기도 했다. 네이버Z가 운영하는 〈제페토〉에서는 블랙핑크의 가상 사인회를 열어서 5천 명 이상이 몰렸다.

2006년 등장한 로블록스에서는 창작을 통한 경제활동이라는 특징이 두드러졌다. 로블록스는 자신만의 게임을 쉽게 제작할 수 있는 도구를 제공하는데, 100만 명이 넘는 게임 제작자들이 4천만 개 이상의 게임을 만들어서 2020년에는 총 3,700억 원의 수익을 거두었다고 한다. 로블록스에서는 게임만이 아니라 디지털 캐릭터가 장착할 수 있는 아이템을 디자인해서 판매할 수도 있고, 다른 개발자가 제작한 아이템을 다시 판매할 수도 있다. 실제로 구찌가 로블록스 이벤트에서 판매했던 6천 원짜리 디지털 여왕벌 가방을 2021년 6월에 400만 원이 넘는 가격으로 다시 판매한 것이 화제가 되었다.

2. Why is it?

우리는 이전에도 게임을 위해 본인의 캐릭터를 설정해왔다. 40대 이상의 독자들은 아마도 1980년대에 동네 가게에서 자동차 레이싱 오락이나 〈스트리트 파이터〉 게임을 했던 기억이 있을 텐데, 그때 레이서나 선수들은 적어도 일부 자신의 정체성을 대신하는 캐릭터였다. 그래서 남자는 남자 캐릭터를, 여자는 여자 캐릭터를 선택하곤 했다. 지금도 낚시, 골프, 전투 등 다양한 게임에서 본인을 상징하는 시각적 캐릭터를 선택하게 한다. 즉, 디지털 캐릭터의 원류는 이미 오래전부터 존재해왔다.

그렇다면 최근 디지털 캐릭터가 새삼 부상하는 이유는 무엇인가? 그 이유로서 실존적 모호성, 활동 영역의 확장성, 그리고 경제적 성과를 들 수 있다.

실존적 모호성

실존적 모호성은 가상공간과 현실공간의 경계가 모호해지는 현상에 기인한다. 사실 이 이슈는 클라우드 공간의 탄생과 깊은 관련이 있다. 자동차 운전 경로를 알려주는 내비게이션을 생각해보자. 우리는 모니터 안의 세상을 현실처럼 받아들이고 그 안을 질주하는 우리 자신의 차를 바라본다. 그런데 그 자동차는 실제로 존재하는 자동차인가? 내비게이션 내에서 보이는 자동차는 내가 운전하는 자동차의 좌표가 표현하는 클라우드 데이터 내의 좌표일 뿐이다. 비록 모니터 안에서는 거의 차이가 없게 보이지만, 이것은 자동주행장치에서 보여주는 내 자동차와 실존적 차원에서 근본적으로 다르다.

즉 〈제페토〉의 디지털 공간에서 움직이는 내 디지털 캐릭터는 〈틱톡〉 동영상에서 심하게 미화된 내 모습과 실존적 차원에서 근본적으로 다르지만, 모니터 안에서는 큰 차이가 없을 수도 있다. 그렇기 때문에 사람들은 디지털 캐릭터를 진짜 그 사람으로 간주하고 더 나아가 디지털 공간을 실제 공간으로 간주하게 된다. 마치 영화 〈매트릭스〉의 세계관을 떠올리게 된다.

이러한 실존적 모호성은 영화 〈매트릭스〉처럼 사람들을 속일 위험도 있지만, 효율적으로 업무를 진행할 수 있는 장점도 갖고 있다. 예를 들어 코로나 사태로 인해 여러 기업은 출근 대신 언택트 근무를, 오프라인 미팅 대신 온라인 미팅을 선택했는데, 여기에서 더 나아가 VR 환경에서 근무하는 방식을 택하기도 했다. 실물 시제품 대신 3D로 구현된 가상의 자동차 디자인을 전 세계의 디자이너들이 실시간으로 평가할 수도 있고, 신입사원 교육을 위해 아바타를 대상으로 공간의 제약을 받지 않고 상호소통방식의 교육을 할 수도 있으며, 거주할 주

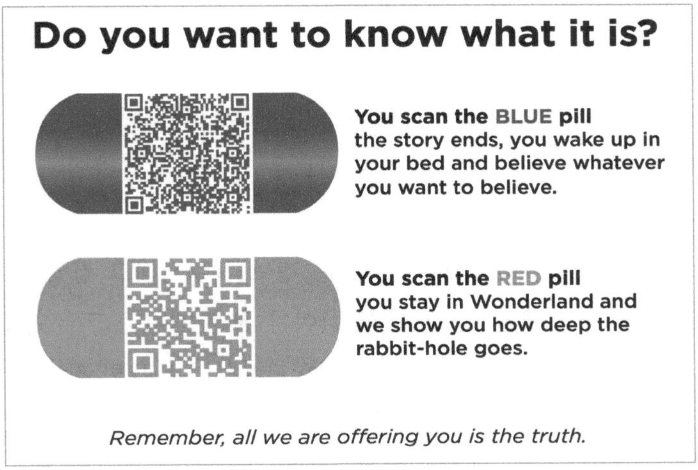

〈매트릭스〉는 선택권을 부여한다

택을 고르기 위해 실제로 방문하지 않고 가상공간에서 충분한 정보를 얻을 수 있다.

이러한 업무 처리 방식은 실물 시제품을 촬영하여 단순히 온라인으로 중계하거나 신입사원 교육을 단순히 온라인으로 방송하는 것, 그리고 거주할 주택을 캠코더로 보여주는 방식과 근본적으로 다르다. 그 차이점은 질적으로 월등히 우월한 정보가 교환될 수 있다는 것이다. 즉, 아날로그와 디지털의 차이라 할 수 있다. 그러므로 디지털 캐릭터를 디지털 공간에서 사용한다는 것은 아날로그적 제한을 극복한 새로운 실존의 탄생을 의미한다.

활동 영역의 확장성

디지털 캐릭터가 아날로그적 제한을 극복한다는 첫 번째 특성은 바로 디지털 캐릭터를 통해 활동 영역이 무한히 확장될 수 있다는 두 번째 특성과 연결된다. 사실 페이스북의 성공 비결은 인간관계의 지역적 또는 사회적 확장성에 있었다. 온라인 공간에서 자신을 소개하고, 멀리 떨어진 외국 사람과도 인사할 수 있으며, 사회적으로도 내 지인의 지인을 알 기회를 얻는 것은 매우 흥미로운 일이었다. 온라인에서의 인간관계 확장은 오프라인에서의 확장으로 연결되기도 한다. 트위터나 틱톡 역시 본인이 올리는 메시지 또는 정보를 해시태그 검색을 통해 불특정 다수가 받아볼 수 있고, 더 나아가 친구 맺기나 구독 등을 통해 지속적인 관계를 맺을 수 있다는 사회관계망의 독특한 장점을 갖고 있다. 그런데 사람들은 이 정도에서 만족하지 못하는 것일까? 디지털 캐릭터는 지역적 또는 사회적 확장성을 넘어선 어떤 성격의 확장성을 가지고 있는 것일까?

BTS가 가진 두 종류의 캐릭터를 비교해보면 답을 얻을 수 있을 것 같다. 하나의 캐릭터는 네이버 라인프렌즈와 BTS가 협력하여 2017년 선보인 BT21 캐릭터다. 출시와 동시에 라인프렌즈 오프라인 숍에서 주력 제품이 되었고, 사람들은 영상 또는 음악에서 보던 BTS를 인형이나 기타 기념품으로 손에 쥘 수 있게 되었다. BTS는 인터넷 환경에서만 존재하는 것이 아니라 물리적 환경에서도 존재하게 되었고, 음악 분야만이 아니라 피규어 분야에서도 존재하게 되었다. 이것은 마치 유재석이 '유산슬'이라는 부캐를 통해 코미디 분야만이 아니라 음반 분야에서도 캐릭터를 확장할 수 있었던 것과 유사하다고 할 수 있다.

BTS의 또 하나의 캐릭터는 2020년 선보인 타이니탄이다. 이 캐릭터는 극장판 애니메이션급의 해상도를 가진 캐릭터로서 일곱 멤버의 장난스러운 이미지를 담고 있다. 〈방탄TV〉에 등장한 이후 2020년

BTS의 오프라인 캐릭터 BT21

6월 온라인 공연이던 〈방방콘 더 라이브〉에 출연했고, 앞으로 독자적인 스토리를 가진 애니메이션 캐릭터로 성장할 것이라고 예측된다. 이 형태의 디지털 캐릭터는 BT21보다 훨씬 높은 확장성을 띠고 있다. 각 캐릭터는 멤버들과 연결되어 있지만 본캐 자체는 아니다. 타이니탄의 RM은 여전히 노래와 춤을 추겠지만 마술을 할 수도 있고, 특정 여행지를 소개할 수도 있으며, 인간의 혈관 속을 탐사할 수도 있다.

BT21이 기존 본캐의 특징을 잘 구현하여 물리적 영역으로의 확장을 이룬 부캐였다면, 타이니탄은 디지털 캐릭터만이 가질 수 있는 자연스러움을 무기로 우리가 상상할 수 있는 모든 영역으로 확장될 수 있는 부캐다. 물론 그러기 위해서는 디지털 캐릭터의 활동을 담은 스토리텔링이 세련되어야 하는데, 그 전제조건으로 바로 앞에서 설명했던 실존적 모호성이 존재해야 한다. 디지털 공간에서 보여주는 디지털 캐릭터의 모습과 활동이 자연스럽게 본래의 캐릭터와 어울리는 한 타이니탄의 RM은 어떠한 제한도 받지 않고 디지털 세상에서 활동할 수 있다.

경제적 성과

디지털 캐릭터의 활동 영역 다양성을 전제로 실존적 모호성이 필요하다면 활동 영역 다양성의 결과로 나타나는 것은 경제적 성과라 할 수 있다. 이전에 존재했던 부캐들도 부분적으로 경제적 기능을 수행하기는 했다. 예를 들어 '유산슬'이나 '싹쓰리' 등은 음원 수익을 창출했고, 작가가 만드는 필명 역시 형식적이나마 독자적인 수익의 주체였다. 그러나 〈리니지〉나 〈바람의 나라〉 등에서 선택하는 캐릭터는 오직 게임에서의 캐릭터 구분 또는 임무 수행을 위해 존재할 뿐 경제적 수익을 창출하는 것은 아니었다. 그런데 최근 디지털 캐릭터가 활동하는 공간에서 본격적으로 경제적 성과가 창출되는 사례가 많아지고 있다. 더 나아가서 디지털 캐릭터를 창조하는 목적 자체가 경제적 성과인 경우도 나타나고 있다.

사실 우리나라에서 처음 등장한 사이버 가수는 1998년 1월에 음반을 출시한 아담이었다. 1집 음반은 20만 장 이상 판매될 정도로 흥행에 성공했지만, 2집이 저조해서 활동을 중단했다. 그 당시 아담을 접했던 대중의 반응은 엇갈렸다. 일단 신기해서 호기심을 가지기는 했지만 팬덤이 형성되기 위해서는 가수에 대해 궁금한 점이 있어야 하는데, 사이버 가수에게는 특별히 궁금한 것이 없기 때문이다. 나중에 아담의 본캐로 밝혀진 가수 박성철은 2018년 〈슈가맨2〉에 출연해서 아담의 탄생에 대해 증언했지만, 아담 탄생 당시에 본캐는 철저히 가려졌다.

그런데 최근 '사이버처럼 보이는' 가수들이 다시 등장하여 인기를 끌고 있다. 2020년 11월과 2021년 4월에 각각 음반을 발표한 에스파와 매드몬스터다. 에스파는 부캐가 아니라 본캐인데, 실제 얼굴과 디지털 이미지를 섞어서 의도적으로 실존적 모호성을 창출하고 있다. 매드몬스터는 부캐로서 디지털 이미지를 고수하고 있으며, 가끔 본인들의 본캐와 대화하는 것을 연출하기도 한다.

이들의 공통점은 디지털 캐릭터가 수익을 창출하고 있지만, 적어도 본캐가 존재한다는 것이다. 이와 같은 사례는 섬유유연제 광고에 출연한 타이니탄(BTS)과 먹방을 보여주는 가상 인플루언서로 활동한 RJ(BT21의 진)에서도 볼 수 있다. 그런데 여기에서 더 나아가 본캐가 존재하지 않고 순수하게 창조된 캐릭터가 등장하고 있다. 사람들은 처음에 실제 인간으로 생각하고 있다가 나중에 사실을 알고 놀랄 정도로 정교하게 창조되었다. 이러한 사례는 2020년 SNS 활동을 시작하여 TV 광고에 등장한 신한라이프의 모델 '로지'와 LG전자가 CES 2021의 연사로 세웠던 '김래아'를 포함한다.

외국에서 이미 성공적으로 활동하고 있는 가상 캐릭터로서 릴 미켈라를 들 수 있다. 2016년 탄생하여 샤넬과 캘빈클라인의 모델로 활동하고, 〈보그〉 지의 표지에 등장했으며, 음반을 내는 가수이기도 하다. 300만 명 이상의 인스타그램 팔로워를 보유하고 있는 이 캐릭터는 사회적 이슈에 대해 의견을 내기도 한다. 그 밖에도 이케아에서 모델로 활동하는 '이마'는 34만 명의 인스타그램 팔로워를 가지고 있다.

완전히 만들어진 디지털 캐릭터인 경우 그 캐릭터가 창출하는 경제적 성과는 기획사가 취하게 된다. 릴 미켈라의 경우 300만 명의 팔로워를 거느린 인간 인플루언서 포스팅 단가의 10분의 1 단가로 포스팅할 수 있기 때문에 포스팅을 의뢰하는 입장에서 매우 유리하다고

릴 미켈라

한다. 또한 기획사 입장에서는 소속 인플루언서가 일으킬 수 있는 여러 인간적인 문제들을 근본적으로 통제할 수 있기 때문에 불확실성을 제거할 수 있는 장점도 있다. 실존 인물을 본캐로 하는 디지털 부캐의 경우에도 부캐의 동작이나 표정 등에서 본캐의 연기력 등 한계에 얽매일 필요가 없다. 우주공간 등 특별한 환경에서의 연출이 필요할 때도 실제 인물을 크로마키 배경에 넣어서 어색한 장면이 나올 걱정을 하지 않아도 된다. 디지털 캐릭터는 디지털 배경과 아무 이질감 없이 어울릴 것이기 때문이다. 즉, 콘텐츠가 가질 예술적 완성도가 높아지게 된다. 결론적으로 실존적 모호성, 활동 영역의 확장성, 그리고 경제적 성과가 서로 상승작용을 하며 디지털 캐릭터의 대중화를 이끌고 있다. 물론 그 중심에는 가상현실 기술의 진보가 자리 잡고 있다.

3. Where is it going?

가상현실의 체험

디지털 캐릭터의 대중화를 이끈 가상현실 기술은 우리에게 한 단계 더 뛰어넘는 세상을 보여주고 있다. 먼저 세상을 떠난 사랑하는 사람을 현실에 소환하는 것이다. Mnet에서 2020년 12월 방영되었던 〈AI음악프로젝트 다시 한번〉에서는 그룹 '거북이'의 터틀맨과 김현식을 홀로그램과 AI 음성합성을 통해 재현하여 거북이의 멤버인 지이와 금비, 그리고 작곡가 김형석과 함께 실제 공연하는 것과 같은 장면을 연출했다. 2021년 1월 SBS에서 방영된 〈세기의 대결! AI vs 인간〉에서는 김광석의 목소리를 인공지능으로 재현하여 옥주현과 듀엣을 선보였다. 또한 MBC에서 2020년 2월과 2021년 1월부터 2월까지 방영되었던 〈VR휴먼다큐멘터리 너를 만났다〉 시즌 1과 2에서는 일곱 살에 먼저 세상을 떠난 딸을 그리는 엄마, 다섯 자식을 남기고 떠난 아내를 그리는 남편, 그리고 불의의 사고로 세상을 떠난 김용균 씨를 그리는 모친이 사랑하는 가족을 가상공간에서 만나는 장면을 보여주어 많은 사람의 눈물을 자아냈다.

이처럼 가상공간에서의 디지털 캐릭터는 지역적 또는 사회적 확장성을 넘어서 시간적 확장성까지 추구하고 있다. 그러나 여기에서 윤리적 이슈가 제기된다. 과연 우리는 실재하지 않는 망자와 만나는 것을 자연스럽게 받아들일 수 있는가? 이미 어떤 사람들은 존재하지 않는 공간에서 우리의 디지털 캐릭터가 활동하는 것에 대해 우려의 목소리를 내고 있다. 가상공간에 지나치게 몰입하는 것은 우리의 현실적 감각을 마비시킬 수도 있다. 과거 또는 미래의 가상공간에 지나치게 몰입하게 된다면 어차피 우리가 원하든 원하지 않든 경제적 성과의 단꿀은 우리를 더 모호한 실존적 세계와 더 확장된 활동 영역으로 이끌 것이지만, 이에 따르는 윤리적 부작용에 대한 경고의 목소리도 함께 높아질 것이다.

5 숏폼 콘텐츠 (Short-form contents)

숏폼 동영상 기반 SNS '틱톡'

《문화 트렌드 2021》에서는 틱톡이 가져온 온라인 플래시 문화에 대해 살펴보았다. 틱톡의 영향은 지속되어 이제 문화콘텐츠 시장에서 주력하는 영상의 형식까지 바꾸고 있다. 짧게(short), 빠르게(speedy), 단순하게(simple)로 정의되는 숏폼 콘텐츠의 흐름과 인기 요인을 함께 살펴보자.

1. What do we see?

#그시작은틱톡

'그저 킬링타임용일 뿐'이라고, '저런 영상을 누가 만들고 보겠냐?'며. 2016년 동영상 기반 소셜 네트워크 서비스인 틱톡(TikTok)이 세상에 등장했을 때 사람들의 반응은 이랬다. 5년 정도 시간이 흐른 지금, 틱톡이 쏘아 올린 작은 공은 엄청난 파장이 되어 전 세계 문화콘텐츠 시장을 뒤흔들고 있다. '그 시작은 틱톡'이라는 자신감 넘치는 슬로건에 고개가 끄덕여질 정도다. 틱톡이 유행시킨 15초 내외의 짧은 동영상 플랫폼은 밀레니얼 세대를 사로잡고, 이제 문화 트렌드를 선도해나가고 있다.

숏폼 콘텐츠(short-form contents)란 말 그대로 "짧은 분량의 영상 콘텐츠"를 뜻한다. 앞서 언급한 틱톡의 초 단위 짧은 영상뿐만 아니라 길게는 10분 내외의 모바일 미디어에 최적화된 콘텐츠를 통틀어 '숏폼 콘텐츠'라고 부른다. 최근에는 스마트폰 사용자가 영상을 볼 때 화면을 돌리지 않아도 되도록 제작한 세로형 영상의 비중이 높아지고 있다.

페이스북, 인스타그램 이후에 수많은 소셜 네트워크 플랫폼들이 등장했지만, 별다른 관심을 끌지 못하고 쓸쓸히 사라져갔다. 그러나 틱톡은 이른바 숏폼 동영상을 기반으로 한 SNS를 표방하며 전 세계적인 성공을 거두었다. 이는 단순히 애플리케이션 하나의 성공 문제가 아니라 콘텐츠 소비 형태의 변화를 보여주는 문화 현상으로 해석할 수 있다. 틱톡의 선풍적인 인기에 대적하기 위해 인스타그램은 '릴스(Reels)'라는 숏폼 콘텐츠 서비스를 론칭했고, 유튜브는 아예 '쇼츠

(Shorts)'라는 이름의 플랫폼을 만들어 틱톡의 빈틈을 파고들고 있다.

댄스, 요리, 메이크업, 육아 등 숏폼 콘텐츠로 만들어지는 주제들은 매우 다양하다. 간단하면서도 재미있는 동작을 반복하는 댄스 영상을 보면 나도 모르게 손을 움직이게 되고, 빠르게 요리가 완성되어 가는 영상을 보다 보면 나도 금세 저 음식을 만들 수 있을 것 같은 착각이 든다. 짧은 영상 속에 담긴 메이크업 전후 모습은 놀랍기만 하고, 아이들의 귀여운 실수를 모아놓은 영상은 자연스레 입가에 미소를 짓게 한다.

'틱톡', '릴스', '쇼츠'. 그 이름도 짧은 플랫폼들은 사용자가 콘텐츠를 만들고 공유하는 서비스인 데 반해 넷플릭스는 오리지널 숏폼 콘텐츠를 제공하는 '패스트 래프(Fast Laugh)' 서비스를 도입하여 주목받고 있다. 현재 일부 영어권 국가에서 서비스되고 있는 '패스트 래프'는 넷플릭스 오리지널 콘텐츠 중 가장 웃기고 재미있는 부분만 15~45초 내외로 편집하여 보여주는 서비스로 '빵빵 터지는 부분만' 모아 시청자의 시선을 사로잡는다. 넷플릭스는 유튜브나 다른 동영상 플랫폼에 비해 상대적으로 긴 호흡을 가진 콘텐츠를 다루기 때문에 '패스트 래프'를 통해 짧은 시간 영상을 소비하는 시청자도 놓치지 않겠다는 전략으로 보인다. 영상 콘텐츠 시장의 공룡인 넷플릭스가 숏폼 콘텐츠 유통에 본격적으로 뛰어드는 것을 보니 이 분야가 과연 최근 문화콘텐츠 시장의 대세구나 하는 것이 느껴진다.

방송가에 부는 숏폼 바람

최근 몇 년간 방송가에서도 드라마와 예능을 60분씩 편성하던 관례에서 벗어나 짧은 콘텐츠를 제작·편성하는 다양한 시도가 있어왔다.

10분짜리 예능 6개를 옴니버스 형태로 묶어 내보낸 tvN 〈금요일 금요일 밤에〉도 그렇고, 외전 형식을 빌렸지만 파격적인 5분 편성을 선보인 tvN 〈신서유기 외전: 아이슬란드 간 세끼〉도 그렇다. "주의: 이 방송은 5분 후에 끝납니다"라는 방송 첫 자막은 마치 출연자들에게는 벌칙 같기도 하고 시청자에게는 농담 같기도 한 신선함을 제공하며 시청률과 화제성에서 모두 성공을 거두었다.

공중파의 경우에는 유튜브나 틱톡 같은 외부 플랫폼을 활용하고 있다. MBC 〈오분순삭〉이나 SBS 〈빽능〉은 과거 인기 예능 프로그램을 짧게 편집하여 보여주는 채널이다. 그 예능을 기억하는 사람들에게는 추억을, 처음 보는 사람들에게는 레트로 느낌 가득한 재미를 주며 100만에 가까운 구독자를 보유하고 있다. 5분씩 편집된 영상을 하염없이 보다 보면 50분도 순식간에 지나간다. 진지하고 딱딱하게만 여겨지는 뉴스도 숏폼을 만나 더욱 자유롭게 변화하고 있는데, MBC의 숏뉴스 채널 14F는 아나운서가 나와 뉴스를 보도하지만 사뭇 편한 복장에 감정까지 담은 재미있는 영상으로 인기를 끌고 있다.

2020년 하반기부터 자체 제작 콘텐츠를 공급하기 시작한 카카오TV 역시 숏폼 콘텐츠에 집중하는 모습이다. 모바일 사용자 환경에 최적화된 프로그램을 제작하면서 더욱 빠른 호흡의 콘텐츠를 만들어내고 있다. 20분가량의 본방송 프로그램과 함께 3~4분 분량의 편집본을 함께 올려 이용자는 자신의 편의에 맞게 감상할 수 있다. 이 외에도 티빙(TVING), 시즌(Seezn) 등 각 동영상 플랫폼들이 오리지널 콘텐츠 제작에 뛰어들면서 짧은 시간에 시청자를 사로잡을 수 있는 숏폼 영상 제작에 전력을 기울이는 모습이다.

숏폼 콘텐츠와 패션

이러한 숏폼 콘텐츠의 부상은 최근 '패스트 패션(fast fashion)'이라고 불리는 SPA 브랜드(specialty store retailer of private label apparel brand)의 인기와도 맞닿아 있다. SPA 브랜드는 다양한 제품, 빠른 상품 회전율, 저렴한 가격이 특징인데 의류회사들이 직접 상품을 기획, 대량생산하여 유통시켜 원가를 낮춘다. 대표적인 브랜드로 자라(ZARA), 에이치앤엠(H&M), 망고(MANGO), 탑텐(TOP10) 등이 있으며, 소비자 입장에서는 유행하는 옷들을 비교적 저렴한 가격에 다양하게 만나볼 수 있어 인기다. 최근 의류시장은 SPA 브랜드를 중심으로 돌아간다고 해도 과언이 아닐 것이다.

SPA 브랜드들은 각기 차이는 있지만 보통 신제품 출시 주기가 2~4주 정도로 짧고, 캐주얼, 정장, 아동, 신발, 화장품 등 취급하는 상품의 종류가 매우 다양하다. 매장에서 착용해보기도 쉽고 온라인으로

SPA 브랜드 매장 전경

구매해도 반품·교환이 간편하다. 빠르고, 다양하고, 편하다는 점에서 숏폼 콘텐츠 인기와 일맥상통하는 부분이 분명히 존재한다. 오래 두고 입을 수 있는 고급 원단의 옷은 아니지만, 최신 트렌드 패션을 쉽게 골라 입을 수 있는 SPA 브랜드. 그리고 깊이 있는 정보가 있는 영상은 아니지만, 재밌고 흥미로운 영상을 편하게 즐길 수 있는 숏폼 콘텐츠. 최근 소비자가 추구하는 소비행태를 느낄 수 있는 지점이다.

숏폼 콘텐츠를 즐기는 사람들

물론 이런 숏폼 콘텐츠가 누구에게나 사랑받는 것은 아니다. 연령대별 선호하는 동영상 길이를 조사한 메조미디어의 자료에 따르면 10대는 15.5분, 20대는 15.0분을 선호하는 것으로 나타났다. 40대 19.6분, 50대 20.9분과 비교하면 사뭇 대조적이다. 숏폼 콘텐츠를 과감히 시도했던 tvN 〈금요일 금요일 밤에〉가 큰 화제를 모으지 못하고 종영한 점도 숏폼 콘텐츠가 반드시 성공을 보장하는 것은 아님을 보여준다.

미국 라스베이거스에서 열린 2020년 CES(국제전자제품박람회)에서는 모바일 숏폼 동영상 플랫폼 퀴비(Quibi)의 CEO 맥 휘트먼(Meg Whitman)이 기조연설을 맡았다. 그녀는 기조연설에서 “숏폼 콘텐츠는 엔터테인먼트의 새로운 혁명이며, 전 세계 수십억 명이 연간 수십억의 시간을 모바일로 소비하는 시대가 도래했다”라고 말했다. 숏폼 콘텐츠의 미래가 더욱 궁금해지는 시점이다.

2. Why is it?

모빌리티와 콘텐츠

콘텐츠 소비 형태가 변화하는 이유는 사람들이 어떤 상황에서 주로 콘텐츠를 이용하게 되는지 살펴보면 확인할 수 있다. 과거 텔레비전이 각 가정의 필수 가전으로 자리하면서 집에서 콘텐츠를 시청하게 되었고, 이후 컴퓨터나 노트북이 상용화되면서 집 밖에서도 시청이 가능하게 되었다. 그리고 스마트폰이 등장하면서 이제는 손에 들고 이동하면서 영상을 보는 것이 자연스러운 시대가 되었다. 이동하면서 본다는 것은 영상에만 오랜 시간 집중하기 어렵다는 것을 뜻한다. 따라서 호흡이 긴 콘텐츠는 끊어서 보게 되고, 긴 이야기는 점점 따라가기 어려워졌다.

생각해보면 우리는 이동하며 즐기기 편리하도록 그동안 많은 것을 변화시켜왔다. 이제는 다 사라졌지만, 한때 지하철 무가지 전성시대가 있었다. 펼치고 읽기 불편하던 커다란 조간신문 대신 무가지 신문들은 작은 지면에 기사거리, 유머, 광고를 가득 채워 버스나 지하철에서 사람들의 무료한 시간을 달래주었다. 두껍고 무거운 표지를 버리고 손바닥만 한 크기로 가방에 넣고 다녀도 부담스럽지 않던 문고판 책도 그런 변화 중 하나였다. 말 그대로 걸으면서 음악을 들을 수 있는 '워크맨(Walkman)'은 또 어떤가. 이어폰을 귀에 꽂고 거리를 걸으면 세상 제일 힙했던 시절도 있었다. 지금 우리가 사용하는 모바일폰도 이동하며 전화할 수 있는 '카폰(car-phone)'이 그 시작이었다.

숏폼 콘텐츠는 이처럼 이동하며 콘텐츠를 즐기고자 하는 사람들의 욕구에 최적화된 형태라고 볼 수 있다. 짧게, 빠르게, 단순하게 3S

소니 '워크맨'

로 표현될 수 있는 숏폼 콘텐츠의 특징은 화장실에 갈 때도 핸드폰을 손에서 놓지 못하는 현대인에게 틈새 놀잇거리가 되어주고 있다.

빠른 제작, 쉬운 공유

'틱톡'이나 인스타그램 '릴스' 같은 숏폼 콘텐츠는 플랫폼 자체의 기능을 활용해 누구나 쉽고 빠르게 영상을 제작할 수 있다는 특징을 가지고 있다. 태어나면서부터 스마트폰에 익숙하고 영상을 찍고 노는 것이 일상생활이 된 디지털 네이티브에게는 더욱 재미있는 놀이다. 핸드폰으로 촬영하고, 바로 편집해서 해시태그 달고 업로드하면 끝. 창작 범위가 훨씬 확대된 느낌이다. 어린 세대들은 영상을 만들어내는 과정을 통해 자기주도적으로 콘텐츠를 생산해내는 재미를 느낄 수 있다.

코로나19로 현실 세계에서의 상호작용이 단절된 요즘, 실시간으로 이루어지는 숏폼 콘텐츠 플랫폼 속 피드백은 또 다른 상호작용이 된다. 챌린지 형태로 다른 사람의 영상을 따라 하기도 하고, 인기 있는 영상을 보기도 하면서 누군가와 같은 것을 보고 즐길 수 있다는 점이 사회적 동기로 작용하기도 한다.

서사 말고 재미만

1980년대, 소형 비디오카메라가 보급되기 시작하면서 사람들은 자신의 일상을 기록하거나 특별한 날을 기념하는 영상을 찍어 보관하기 시작했다. 미국의 ABC 방송국에서 1989년 첫방송되어 지금까지 방영되고 있는 〈아메리카 퍼니스트 홈 비디오(America's Funniest Home Video)〉는 시청자가 찍은 홈 비디오에서 재미있는 부분을 모아 연속해서 보여주는 방송이다. 우리나라에서는 KBS2 〈쇼! 파워비디오〉에서 '요절복통 해외비디오'라는 이름의 코너로 방영되어 많은 사랑을 받았다. 식탁에서 밥을 먹다가 갑자기 잠드는 아기, 맹렬히 뛰어오다가 엉뚱한 곳에 빠져버린 반려견 등 일상 속에서 벌어진 웃기고도 예기치 못한 사건들을 보다 보면 시간 가는 줄 모르고 웃게 된다. 시청자가 직접 촬영한 영상 중 흥미로운 부분만 짧게 편집해 보여주는 형식은 어쩌면 지금의 숏폼 콘텐츠와 많이 닮아있다.

숏폼 콘텐츠는 앞서 이야기했듯이 자투리 시간을 활용하기 위해 소비되는 경우가 많다. 따라서 긴 서사보다는 핵심 부분만 골라내 짧게 만든다. 최근에는 지상파에서 방영된 드라마도 네이버TV나 유튜브 등에 올라오는 중요한 장면만 챙겨보는 사람들이 많다. 볼 것도 많고, 할 것도 많은 요즘 세상, 그만큼 사람들은 '요점만 간단히'를 원한다.

그리고 이러한 숏폼 콘텐츠는 결정적 순간만을 최우선으로 뽑아

광고 건너뛰기

냈기 때문에 시청자의 시선을 계속 사로잡는다. 지루할 틈이 없다. 그에 더해 지원되는 연속 재생 기능으로 시청자는 무의식중에 계속 화면을 바라보게 된다.

유튜브나 여타 동영상 플랫폼의 광고 건너뛰기도 숏폼 영상의 발전에 한몫했다고 보인다. 보고 싶은 영상을 재생하면 어김없이 등장하는 광고는 5초를 기다리면 건너뛰기 버튼이 생성되는데, 이 때문에 많은 기업이 5초 길이의 광고를 제작하거나, 5초 안에 소비자의 눈을 사로잡을 수 있는 영상들을 제작하기 시작했다. 더 흥미롭고, 더 호기심을 유발하고, 더 간결한 영상을 만들어야만 자신들이 전하고자 하는 메시지가 소비자에게 도달할 수 있게 된 것이다. 바야흐로 '짧아야 살아남는' 시대다.

3. Where is it going?

스낵에서 주식(主食)으로

요즘 우리는 무언가에 집중하는 시간이 점점 짧아지고 있고, 필요로 하는 많은 정보를 손안에서 보는 데 익숙하다. 이 글을 읽는 독자 여러분도 아마 지금 메신저 알림이나 다른 앱을 확인하고 싶은 충동과 계속 싸우고 있을지도 모른다. MIT 연구에 따르면 디지털 환경에서 사람들의 집중력은 9초가량이라고 한다. 어떤 웹페이지에 접속하고 9초가 지나고 나면 다른 페이지로 옮겨가고자 하는 마음이 생겨나는 것이다. 이러한 심리는 문화콘텐츠 시장에도 많은 영향을 미치고 있으며, 그로 인해 더 짧은 형식의 숏폼 콘텐츠가 인기를 끌고 있다.

숏폼 콘텐츠는 스낵 컬처(snack culture)의 산물이라고 할 수 있다. 스낵 컬처란 간식을 먹는 것처럼 짧은 시간에 가볍게 문화콘텐츠를 소비하는 행태를 뜻한다. 스낵이란 식사보다 가볍고, 달콤하고, 또 즐거운 것이 아닐까? 사실 숏폼 콘텐츠는 코로나19 이전에도 관심을 받아왔지만, 팬데믹이 폭발적인 성장의 촉매 역할을 했다. 스낵 같은 숏폼 콘텐츠는 일상생활에서 받는 많은 스트레스 상황에서 벗어나고 정신적 휴식을 취할 수 있게 도와준다. 우리는 2020년과 2021년 두 해 동안 생각보다 오랜 시간 폐쇄, 단절, 격리, 봉쇄, 금지 등의 단어에 익숙해져버렸다. 벗어나고 싶지만 벗어나지 못하는 상황에서 사람들은 현실을 잊게 해줄 것들을 찾아 나섰고, 그 결과 이제 '스낵'이라고 하기엔 숏폼 콘텐츠의 활용 범위가 너무 넓어진 듯하다.

융통성과 민첩성

오랜 시간 기획하고 촬영하고 공들여 편집한 영상은 분명히 그 나름의 가치를 갖고 있다. 그러나 숏폼 콘텐츠는 시의적절한 주제를 다룰 수 있는 융통성과 민첩성을 가지고 있다. 빠른 시간에 제작하고 유통 가능하기 때문에 급변하는 사회적 이슈를 쉽게 따라갈 수 있고, 이는 타깃 시청자와의 소통을 유연하게 만든다. 이러한 특성은 기업의 홍보나 브랜드 광고에 장점으로 활용될 수 있다. 소비자의 니즈 변화에 따라 다양한 방식으로 적용될 수 있기 때문이다.

미국의 전통 있는 신문사인 워싱턴포스트(Washington Post)는 숏폼 콘텐츠를 적절히 활용해 밀레니엄 세대의 높은 호응을 얻은 사례다. 워싱턴포스트도 틱톡 계정을 만든 초기에는 여타 신문사와 같이 뉴스 영상을 편집해 올리는 수준이었다. 당연히 팔로워도 많지 않았고, 별다른 개성을 찾아볼 수 없었다. 그러나 영상 프로듀서이자 편집자인 데이브 요르겐슨(Dave Jorgenson)이 계정 운영을 담당하면서 143살의 이 나이 많은 신문사는 기이하고 재치 있는 틱톡으로 젊은 구독자들을 사로잡았다. 그는 칼퇴하려다 실패하는 기자 모습, 팬데믹으로 재택근무 늪에 빠진 모습 등을 솔직하게 다루며 엄청난 팔로워를 갖게 되었다.

이제 많은 브랜드가 앞다투어 숏폼 콘텐츠를 마케팅 수단으로 활용하고 있다. 패션 브랜드들은 패션쇼의 무대 뒷모습을 보여주고, 금융회사들은 은행 창구에서 벌어지는 에피소드들을 보여준다. 소비자가 원하는 것에 더 유연하게 대처할 수 있는 새로운 도구가 생겨난 것이다. 앞으로 더 많은 기업이 소비자와의 소통 창구로 숏폼 콘텐츠를 적극 활용할 것으로 예측된다.

인스타그램 숏폼 영상 서비스 '릴스'

'짧다'의 정의와 경계

앞서 숏폼 콘텐츠는 초 단위에서부터 길게는 10분 내외의 모바일에 최적화된 영상 콘텐츠를 의미한다고 했다. 그러나 '짧다'라는 것의 정의는 항상 상대적이다. 1분 길이의 영상은 틱톡에서는 분명히 긴 영상일 것이고, 유튜브에서는 짧은 영상처럼 느껴질 것이다.

동영상 플랫폼 시장의 경쟁이 치열해지면서 각 플랫폼은 더 많은 이용자를 확보하기 위해 서비스 범위를 넓혀가고 있다. 동영상 길이를 60초로 제한했던 틱톡은 3분으로 그 허용 길이를 늘였고, 인스타그램 릴스는 최대 4시간까지 가능한 라이브 비디오 서비스를 제공한다. '숏폼'을 표방하고 있지만, '짧다'의 정의를 점차 넓혀가며 경쟁사에 소비자를 빼기지 않기 위해 애쓰고 있다. 이러한 경계의 확장은 자칫 그 플랫폼이 가진 고유의 개성을 무너뜨려 이용객이 떠나는 결과를 초래할 수도 있다. 긴 영상을 올릴 수 있는 틱톡이라면 유튜브와 다른 점은 무엇일까? 유튜브에서 서비스하는 쇼츠와 틱톡의 차이점은 과연 무엇일까?

그러나 이러한 위험에도 당분간 각 동영상 플랫폼들이 경쟁적으로 숏폼 콘텐츠 시장에 뛰어들면서 서비스 간의 경계는 점차 모호해질 것으로 전망된다. 그리고 이 경쟁에서는 단순히 영상의 길이가 아니라 자기만의 정체성이 확실한 플랫폼만이 살아남게 될 것이다.

짧음, 그 이상

미국에서 16~55세 남녀 2천 명을 대상으로 한 설문조사에서 소비자는 기분전환과 휴식을 위해 숏폼 콘텐츠를 시청한다고 응답했다. 그리고 응답자의 83%가 앞으로도 지금보다 많거나 비슷한 수준으로 숏폼 콘텐츠를 시청할 것이라고 답했다.

디즈니, 알리바바 등으로부터 17억 5천만 달러(약 1조 9,900억 원)를 투자받아 모바일 전용 숏폼 OTT로 야심 차게 출범한 퀴비가 출시 1년이 채 되지 않아 사업에서 철수하자 숏폼 콘텐츠의 미래에 대한 부정적인 시각이 등장한 것도 사실이다. 그러나 이른바 '10분 OTT' 퀴비의 실패가 숏폼 콘텐츠 자체의 운명을 보여주는 것은 아니다. 코로나19, 유료화 정책 등 외부 환경과 플랫폼 내부의 복합적인 문제들의 결과라고 볼 수 있다.

앞서 살펴보았듯 숏폼 콘텐츠의 인기는 우리가 일상에서 콘텐츠를 소비하는 방식이 변화했기 때문에 나타난 결과라고 볼 수 있다. 따라서 숏폼 콘텐츠 열풍은 짧게 끝나지 않을 것으로 보인다. 다만, 콘텐츠와 플랫폼 제작자들은 소비자가 숏폼 콘텐츠를 찾는 이유가 길이 때문만은 아니라는 점을 잊지 말아야 할 듯하다. 소비자는 짧고 빠른 호흡과 단순함, 그리고 그에 더해 위트 넘치는 콘텐츠를 원한다.

6 트랜스 미디어와 세계관

마블의 세계관(Marvel Cinematic Universe)

최근 들어 '세계관'이라는 표현이 자주 들려온다. '세계를 바라보는 관점' 정도로 알고 있었던 세계관이라는 단어가 영화에서도, K-pop에서도, 예능에서도 떠오르는 이유는 무엇일까? 지금 우리는 어떤 세계를 만들어가고, 또 그 안에서 어떻게 살고 있는지 함께 살펴보자.

1. What do we see?

문화콘텐츠 속 세계관

문화콘텐츠 분야에서 주로 말하는 '세계관'은 콘텐츠의 이야기를 형성하는 배경을 의미한다. 이야기의 시간적·공간적 배경에서부터 인물들의 생각과 행동을 설명해줄 사상적·역사적 배경을 총체적으로 일컫는 표현이다. 따라서 세계관은 콘텐츠의 핵심 요소로서 캐릭터가 형성되고 서사의 흐름이 만들어지는 뼈대가 된다.

세계관이라는 개념이 지금처럼 흔하게 사용되기 전부터 이를 형성하는 데 많은 공을 들여온 분야가 있다면 바로 게임이다. 빈틈없이 짜인 세계관은 유저를 게임에 몰입하게 하는 중요한 역할을 한다. 특히 롤플레잉 게임(RPG, Role Playing Game)은 각 캐릭터의 특징과 서사를 연결 지어 유저가 높은 소속감과 재미를 느끼는 장르로, 세계관이 얼마나 탄탄하게 구축되어 있는가가 게임의 성공을 좌우한다. 1994년 처음 출시된 이후 시리즈를 거듭하며 전 세계적인 인기를 얻은 〈워크래프트(Warcraft)〉는 인간과 오크의 대립이라는 판타지에 각 종족 고유의 특성과 이야기를 부여해 방대한 세계관을 형성했다. 신규 시리즈가 나올 때마다 더욱 확장되고 견고해진 세계관은 이후 같은 게임사에서 출시되는 차기작에도 영향을 미쳐 기존 팬들을 신규 게임으로 유입하는 데 공을 세웠다.

롤플레잉 게임 〈워크래프트〉

한편, 마블 스튜디오가 만들어내는 마블 시네마틱 유니버스(Marvel Cinematic Universe, MCU)는 각각의 스토리 안에 있던 슈퍼히어로 간의 경계를 허물면서 시작되었다. 마블은 수년 전부터 영화를 기획하며 각각의 이야기를 하나의 큰 세계 안에서 일어나는 일로 바라보고 서사를 이끌어간다. 제작되는 모든 영화와 시리즈물이 같은 시간선상에서 연결고리를 가지고 흘러간다. 한 영화에서 벌어진 사건이 다른 콘텐츠에도 동일하게 영향을 미치는 방식으로 마블 시네마틱 유니버스가 점차 확장되고 있다.

최근 이러한 세계관은 음악 시장에도 많은 영향을 미치고 있다. 그중 SM엔터테인먼트는 데뷔하는 아티스트들에게 세계관 개념을 적용하여 쏟아져나오는 수많은 다른 그룹과 차별화하는 데 유능하다. 그룹 엑소(EXO)의 경우 멤버들이 초능력자라는 설정을 바탕으로 그룹명도 '태양계 밖에 존재하는 행성'이라는 뜻의 exoplanet에서 유래했다. 과거에는 한 그룹의 콘셉트 정도였던 이러한 설정이 점점 구체화되고 디테일해지면서 '세계관'이라는 개념으로 이해되기 시작했다. 세계관은 노래, 앨범, 뮤직비디오 등 그룹의 창작물 전반에 지속적으로 영향을 미치며 이야기를 이어나가고 확장된다. 최근 데뷔한 그룹 에스파(aespa)의 경우에도 "자신의 또 다른 자아인 아바타를 만나 새로운 세계를 경험하게 된다"라는 세계관을 가지고 있다. 에스파는 공식적으로 8인조 그룹이다. 현실 세계에서 활동하는 멤버 4명과 가상 세계에 있는 아바타 4명이 존재한다. 기성세대에게는 낯설게 느껴질 수도 있는 이러한 세계관이 다양한 플랫폼과 연결되어 스토리라인을 구축하면서 팬들에게는 오히려 더 많은 이야깃거리를 제공하고 있다.

트랜스 미디어

세계관을 형성하는 방법으로 최근 많이 활용되는 방식이 바로 트랜스 미디어(trans media)다. 트랜스 미디어란 '넘어서', '지나서', '다른 쪽으로' 등의 뜻을 가지고 있는 트랜스(trans)와 미디어(media)의 합성어로 미디어 간의 경계를 넘어서 콘텐츠를 만들어내는 것을 말한다. 다양한 미디어를 오가며 콘텐츠를 확장해나가는 방식이라는 측면에서 어쩌면 기존에 자주 언급되던 OSMU(one source multi use)와 유사하게 들릴 수 있다. 그러나 트랜스 미디어는 다양한 매체를 활용하면서도 각 이야기가 연속성을 가지고 연결되고, 무엇보다 매체 간 내용이 중복되지 않는 것이 특징이다. OSMU의 경우 하나의 콘텐츠를 여러 매체로 재가공하는 것이라는 점에서 차별화된다고 할 수 있다.

tvN의 인기 예능 〈신서유기〉는 OTT 플랫폼 티빙에서 〈신서유기

영화 〈쿵푸팬더〉

스페셜: 스프링캠프〉를 방영했다. TV가 아니라 오직 OTT 플랫폼에서만 방영되는 이 프로그램은 기존 〈신서유기〉의 출연자와 캐릭터의 연장선상에서 캠핑을 떠나는 콘셉트로 진행된다. 이처럼 트랜스 미디어 콘텐츠는 하나의 콘텐츠가 그 자체로 완결성을 가지고 있지만, 다른 콘텐츠와 연속성을 가지며 전체를 구성한다는 것이 가장 큰 특징이라고 할 수 있다. 예를 들어 영화 〈쿵푸팬더〉를 본 적 없어도 무적 5인방과 포를 주인공으로 한 TV 시리즈 〈쿵푸팬더〉를 이해할 수 있지만, 영화를 안다면 그 안에서 더 풍부한 재미를 찾을 수 있다.

최근 많은 프로그램이 트랜스 미디어라는 방식을 선택하는 이유는 다양한 매체가 생겨나고 있고, 각 매체가 가진 특성을 최대한 활용하기 위해서다. 지상파나 케이블의 경우 대중적인 영향력이 높고 많은 시청자를 확보할 수 있다는 장점이 있는 반면, 실험적 포맷을 시도하기에는 여러 제약이 따른다. 따라서 콘텐츠의 다양한 변주를 위해 새로운 미디어를 찾아 나서게 된다. 이처럼 트랜스 미디어를 통해 전달되는 각각의 이야기는 세계관 전체의 확장에 기여하게 된다.

빙그레 왕국과 르쏘공 왕국

어느 날 갑자기 빙그레 공식 인스타그램 채널에 웹툰에서나 등장할법한 왕자의 셀카 이미지가 업로드된다. 팔로워들은 계정이 해킹당한 것인지, 관리자의 실수인지 어리둥절했고, 이것이 빙그레 왕국 '빙그레우스 더 마시스' 왕자의 첫 등장이었다.

세계관이라는 개념은 최근 브랜드 마케팅 분야에서도 활발히 활용되고 있다. 각 브랜드는 소비자에게 신선한 경험을 제공하고 타 브랜드와의 차별화를 위해 인스타그램과 유튜브를 활용하여 새로운 세계관을 구축하고 있다. 빙그레 왕국의 '빙그레우스 더 마시스' 왕자는 왕으로부터 왕위 계승을 받기 위해 왕국 인스타그램 계정을 직접 운영하면서 팔로워 수를 늘릴 것을 명 받는다. 바나나맛 우유 왕관에 빵또아 바지를 입고 메로나 봉을 들고 있는 그의 곁에는 비서 투게더리고리 경이 있고 메로나 공작과 더위사냥 호위단장 등이 있다. 각각의 캐릭터는 디테일한 설정과 인물 관계 안에서 하나의 촘촘한 세계를 구성하고 있다. 언뜻 보면 실소가 나오는 황당한 설정이지만, 빙그레 왕국의 세계관 안에서 소비자는 B급 감성과 재미를 한껏 느끼고 있다.

한편 롯데백화점에도 또 다른 왕국이 존재한다. 백화점이 문을 닫고 난 뒤 열리는 온라인 평행 세계 '르쏘공 왕국'이다. 르쏘공 왕국에는 왕국의 아이들을 되찾아 명예로운 '오떼르'가 되고자 하는 '휴' 공주가 있으며, 르쏘공 왕국의 세계관은 휴 공주를 중심으로 펼쳐진다. 이와 같이 기업들이 스타 이미지에 의존하던 기존의 홍보 방식에서 벗어나 가상의 인물과 세계관을 만들어 홍보하는 이유는 그 안에서 펼칠 수 있는 이야기가 무궁무진하기 때문이다. 그리고 세계관 안에서 소비자는 마치 현실에 존재하는 세상인 듯 댓글을 달고 '놀면서' 브랜드와 상호작용하게 된다. 어린 시절부터 가상의 캐릭터에 익숙한 MZ세대는 자칫 억지스럽게 느껴질 수 있는 이러한 설정을 거부감 없이 받아들이는 것 또한 세계관 마케팅이 활성화되는 이유이기도 하다.

2. Why is it?

어른이들의 역할놀이

아마 어린 시절 역할놀이 한 번쯤 안 해본 사람은 없을 것이다. 엄마 아빠 놀이라든지, 의사 놀이라든지, 주변에서 보고 들었던 상황들을 흉내 내며 마치 내가 엄마가 되고, 의사 선생님이 된 것처럼 행동했던 기억이 있을 것이다. 어린아이들이 즐겨 하는 이러한 역할놀이는 타인의 입장에서 생각하게 하는 효과를 가져와 공감 능력을 높여주고, 자연스럽게 사회성과 표현력을 길러주는 긍정적인 역할을 한다고 한다. 또한 아이들은 역할놀이를 통해 새로운 상황에 몰입하면서 상황 이해력과 상상력을 기른다.

그렇다면 어른들은 어떨까? 세계관은 어른들이 마음껏 놀 수 있는 놀이터이자 무한한 상상력을 발휘할 수 있는 장이라는 점에서 어린 시절 우리가 즐겨 하던 역할놀이와 크게 다르지 않다. 이는《문화 트렌드 2021》에서 살펴보았던 '부캐 열풍'의 확장 측면에서 볼 수 있

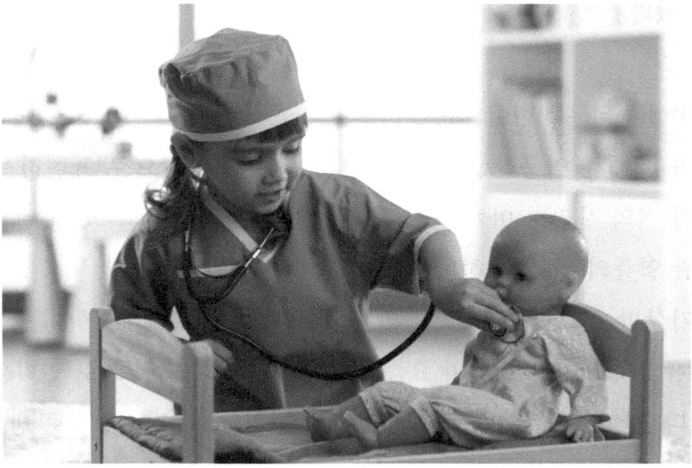

역할놀이를 하고 있는 어린이

는데, 부캐가 동일한 미디어에서 후속작 또는 외전 형태로 출연하거나 트랜스 미디어를 통해 이야기를 확장시키며 세계관을 만들어갈 수 있다.

세계관은 시간적·공간적 배경에서부터 주변과의 관계와 그 안에 얽힌 서사까지 더욱 섬세하게 설정되어 있다. 매우 섬세하게 짜여 있어 팬들이 파고들 내용도 무궁무진하다. 소위 말해 '덕질(자신이 좋아하는 분야에 심취하여 그와 관련된 것들을 모으거나 찾는 행위)할 맛'이 난다. 바로 이 지점이 단순한 설정이나 콘셉트와 세계관이라고 불리는 지금 현상의 차이점이다. 사람들은 세계관 속 연결고리를 찾으며 자신만의 해석을 덧붙이고, 하나의 세계관을 다른 세계관과 연결하여 새로운 것을 창조해낸다. 특히 세계관 안에는 밈이나 짤로 가공할 수 있는 소재가 넘쳐난다. 융합과 확장이라는 과정을 통해 팬들의 호기심을 자아내고 더욱 빠져들게 만드는 것이 바로 세계관이 가진 매력이라고 할 수 있다.

현실을 닮은 비현실

지금의 세계관 열풍은 우리가 상상하는 것을 영상으로 표현하는 데 제약이 거의 사라져 마치 현실 같은 세계관을 구현할 수 있게 된 점도 세계관 열풍의 원인 중 하나로 볼 수 있다.

지상파 개그맨들이 모여 만든 유튜브 채널 〈피식대학〉은 '피식대학 유니버스'라고 불리며 요즘 제일 핫한 '개그 맛집'으로 인기를 끌고 있다. 한때 〈개그콘서트〉나 〈코미디 빅리그〉와 같이 TV로 방영되던 개그 프로그램을 유튜브로 가져오면서 무대 위에서 펼쳐졌던 콩트가 영상화된 것이다. 무대 위에서 표현할 수 있는 데는 한계가 있지만, 유튜브라는 플랫폼을 통해 그 제약이 사라지면서 더 리얼하고 촘촘한 세계관이 탄생했다. 유튜브 댓글을 읽어보면 "혼란스럽다. 내가 지금 어디에 있는 것인가?"라며 현실보다 더 현실 같은 세계관에 놀라는 사람들이 많다.

대표적인 코너로 '김갑생할머니김'의 '이호창 본부장'은 우리가 언론을 통해 흔히 보아오던 재벌 2세의 모습을 완벽하게 재현해낸다. 그는 다른 기업 총수들이 그렇듯 신년사와 ESG 경영 전략을 발표하고 공장 시찰을 돈다. '2021 김갑생할머니김 하반기 공개채용 홍보 영상'은 쓸데없이 진지하고 완성도가 높아 'MBTI 전형'과 '김씨 할당제' 같은 엉뚱함이 아니라면 실제 기업의 채용 공고와 별반 다를 바 없다. 이러다 보니 세계관에 완벽하게 몰입된 '이호창 본부장'과 '김갑생할머니김'이 실존하는 것인지 착각하는 사람도 있다. 여기에 최근 크리에이터 소속사 샌드박스가 '김갑생할머니김'을 비롯해 소속 크리에이터들

크리에이터의 세계관을 활용한 제품을 판매하는 팝업 스토어

의 세계관이 담긴 제품을 실제로 출시하면서 더욱 현실 같은 세계관을 만들어가고 있다.

만들어진 세계관이 결국 비현실이라는 점을 생각하면 현실은 가장 그 대척점에 있는 개념이다. 그렇다면 사람들이 이처럼 현실적인 비현실에 열광하는 이유는 무엇일까? 우리가 소설을 읽고, 영화를 보는 순간에 그것이 비현실이라는 것을 알면서도 몰입하는 경우가 있다. 그리고 그 비현실 속에서 상대적으로 현실의 행복과 안도감을 느끼게 되는 것도 사실이다. 팀 버튼 감독의 영화 〈빅 피쉬〉를 보면 늘 허무맹랑한 이야기를 펼치는 아버지와 진실을 알고 싶은 아들의 갈등이 이어진다. 비현실적인 무용담 끝에 결국 담겨있는 진실은 아버지의 사랑이라는 것을 깨달은 아들의 이야기는 결국 "우리에게 중요한 것은 이것이 사실인가 아닌가가 아니라 그 안에 담겨 있는 의미"라는 점이다. 지금 사람들은 현실을 닮은 비현실이라는 세계관 속에서 또 다른 의미를 찾고 있다.

세상을 이해하는 방식

지금 우리는 전혀 예측하지 못했던 시대를 살고 있다. 과거 어느 순간에도 2021년 우리 모두 마스크를 쓰고 거리 두기를 하며 사는 모습을 상상하지 못했다. 그러나 2011년 개봉한 영화 〈컨테이젼(Contagion)〉에서는 마치 코로나19 상황을 예언하기라도 한 듯 전염병이 유행하는 상황이 리얼하게 묘사된다. 코로나19 유행 초기에 SNS를 통해 사실이 알려지면서 사람들은 앞다투어 이 영화를 찾아보기도 했다. 영화적 상상력과 같이 새로운 세계관을 만들어내는 것 역시 현실과 비슷하지만 현실에 존재하지 않는, 어쩌면 미래의 어느 순간에 닥칠 예상치 못한 시대를 예상하는 방식일 수 있다. 따라서 세계관에 열광하는 것은 더 이상 앞으로 다가올 세상이 과거의 방식으로는 이해할 수 없기 때문이기도 할 것이다. 그리고 그 세계는 단순히 한 장면이나 특정 캐릭터로 이해되는 것이 아니라 저변의 사상과 역사적 배경, 흐름을 통해 종합적으로 이해된다.

현대인은 복잡하고 숨 막히는 현실에서 벗어나 세계관 안에서 해방감을 느낀다. 이를 이해하지 못하는 외부에서 바라보면 그저 허무맹랑한 장난 같아 보일 수 있지만, 그 안에는 나름의 질서가 존재하고 오히려 현실을 더 적나라하게 반영하며 풍자하고 있는 경우도 많다. 사람들은 그 안에서 웃음을 찾기도 하고, 통쾌한 해결책을 찾기도 하며, 카타르시스를 느낀다. 세계관 열풍은 어쩌면 팍팍한 세상을 견뎌낼 방어막을 찾는 현대인의 열망을 반영한 것인지도 모른다.

3. Where is it going?

앞으로 세계관은 더 이상 '세계를 바라보는 시각'이 아니라 소비의 대상이 될 것으로 예측된다. 세상에 나온 지 25년 된 〈포켓몬스터〉는 닌텐도 '게임보이'에서 시작해 애니메이션을 거쳐 증강현실 게임으로까지 구현된 세계관이며, 넷플릭스 시리즈 〈킹덤〉은 독자적인 세계관을 구축하며 수없이 쏟아지는 콘텐츠 속에서 존재감을 발휘하고 있다. 세계관은 이야기의 배경이자 창조물이다. 실재하지 않는 세계관이지만 사람들은 그 안의 캐릭터와 스토리를 향유함을 넘어서 이제 그 세계 자체를 소비한다. 따라서 문화콘텐츠 시장에서 탄탄하게 짜여 있지 않은 세계관은 앞으로 소비자의 선택을 받기 어려워질 것이다. 단편적인 이야기에는 소비자가 파고들 구석이 없다. 숨겨진 매력이 가득하고 공감할 수 있는 세계관을 구축하는 것이 앞으로 시장에서 성패를 좌우하는 핵심이 될 것이다.

그리고 개별 콘텐츠를 중심으로 이어지던 세계관 구축 노력이 앞으로는 제작사나 플랫폼을 중심으로 확대될 것으로 예상된다. 지금까지의 많은 세계관은 영화나 드라마 같은 개별 콘텐츠 기획 단계에서 만들어졌다. 그러나 이제 제작사나 플랫폼 간의 경쟁이 심화되면서 다른 채널과의 차별화 포인트를 만들고, 시청자의 이탈을 막기 위해 세계관을 활용할 것으로 보인다. 웹드라마 제작사인 '플레이리스트'는 지금까지 방영되었던 자사 제작 웹드라마를 묶어 자신들만의 '폴리버스'라는 세계관을 구축했다. 각 드라마의 출연자와 캐릭터를 한 시공간에 두고 서로 영향을 주고받는 관계성을 만들어낸 것이다. 이러한 관계성은 각 콘텐츠의 캐릭터 활용도를 높이고 생명력을 유지할 수 있는 장점이 있어 앞으로 이러한 움직임은 지속될 것으로 보인다.

마지막으로, 세계관의 발현은 결국 최근 이슈가 되고 있는 메타버스와 연결될 것으로 보인다. 온라인 세상에서 만들어지는 가상의 공간은 사람들이 상상하는 세계관을 반영한다. 지금의 '세계관 놀이'가 기술과 만나 메타버스 안에서 구현되는 것이다. MZ세대는 이 안에서 다양한 자기표현을 하며 현실에서는 이루기 힘든 것들을 새로운 세계관 안에서 펼치게 될 것이다. 알지만 모르는 척, 비현실이지만 현실인 척 즐기는 세계관은 메타버스와 만나 더욱 날개를 달고 확산될 것으로 보인다. 내가 상상하는 세계관을 직접 만들고 공유하는 세상. 낯설고 먼 이야기 같지만 바로 지금 우리 앞에 놓여있는 현실이기도 하다.

메타버스 플랫폼 '로블록스'

Ⅲ 사회적 경계의 해체

7 이방인의 탄생

우리는 외계인과 친구가 될 수 있는가?

영화 〈에일리언〉을 보면 외계인은 매우 위험한 존재로 비친다. 인류를 숙주로 삼아 생존하려는 본능이야 어쩔 수 없겠지만, 그 때문에 인류가 멸망할 수는 없는 노릇이다. 〈트랜스포머〉 같은 다른 영화에서는 좋은 외계인과 나쁜 외계인이 동시에 등장하기도 하고, 외계인을 다루었던 아주 고전적인 영화 〈E.T.〉에서는 지구인 주인공의 친구로 등장한다.

그런데 우리는 지구에 함께 살면서도 때때로 다른 사람을 외계인처럼 대할 때가 있다. 예를 들어 우리 사회에서 외국인은 외계인만큼이나 서먹하고 낯선 존재였는데, 어느 순간 외국인이 예능 프로그램에서 유창한 한국말로 진행하는 것도 볼 수 있게 되었다. 외국인은 이미 우리의 일상에 깊게 초대되었다. 또한 고향이 본인과 다른 특정 지역이거나, 정치적 지향점이 다르거나, 심지어는 연령과 성별이 다르다고 해서 외계인처럼 대하는 경우는 없었는가? 이런 경우 외계인보다는 '이방인'이라는 표현이 더 어울리는 듯하다. 이러한 이방인은 우리에게 위험한 존재인가, 친구인가, 아니면 우리와 별 상관없는 사람들인가?

1. What do we see?

우리나라 방송에서 외국인이 본격적으로 출연하기 시작하게 된 계기는 아마도 2014년부터 2017년까지 JTBC에서 방영되었던 외국인 토론 프로그램인 〈비정상회담〉이었던 것 같다. 그전에도 명절 때 외국인 노래자랑이나 〈신비한 TV 서프라이즈〉에서 외국인을 연기하는 단역 배우로 방송에서 외국인이 등장했고, 2005년 〈개그콘서트〉에 샘 해밍턴이 외국인 코미디언으로 데뷔하기도 했으며, 2006년부터는 〈미녀들의 수다〉를 통해 외국인 여성들이 토크를 주도했다. 그러나 한국말을 유창하게 구사하는 외국인이 한국인이 말하기도 어려운 주제를 토론하는 장면을 보면서 여러 생각이 떠올랐던 기억이 난다. 먼저 토론 주제가 정치, 경제, 문화 등 다양했고 이에 대해 외국인 패널이 나름 분명한 주장을 펴는 것에 놀랐다. 역시 우리나라에서는 토론 교육이 외국에 비해 부족한 것인가 부끄럽기도 했다. 그러나 가장 놀라운 것은 외국인으로서 한국에서 TV에 출연하면서 이토록 자연스럽게 한국어를 구사할 수 있는가 하는 것이었다. 토론에 열중하는 이들을 보면 이들이 이방인이라는 생각을 하기 힘들 정도였다. 다만 글로벌한 주제에 대해 의견을 나누는 지구촌의 이웃 사람들일 뿐이었다.

그 이후 우리는 많은 외국인 출연 프로그램들을 보면서 자연스럽게 이방인을 접하고 있다. 외국인이라는 특성을 소재로 삼는 〈대한외국인〉, 〈다문화 고부열전〉, 〈국제부부〉, 〈어서와~ 한국은 처음이지〉, 〈이웃집 찰스〉 등 외에도 〈골때리는 그녀들〉에는 에바 포비엘 등이 대거 출연해서 한국 여자 연예인들과 축구 대결을 하고, 〈벌거벗은 세계사〉에서도 알베르토 몬디, 타일러 라쉬, 텐들러 다니엘 등 매주 외국인 패널이 번갈아 출연하여 자국과 관련된 역사적 이슈에 대해 토론하며, 심지어 〈역사저널 그날〉에는 다니엘 린데만이 출연해서 한국의 역사에 대해 논한다. 〈뇌섹시대-문제적 남자〉에서 높은 지적 능력을 보여주었던 타일러 라쉬는 더 이상 외국인이 아니라 그저 똑똑한 출연자였고, 〈이태리 오징어순대집〉에서 한식 식당을 운영했던 알베르토 몬디는 한국인보다 더 한국인다운 홍보대사였다. 2021년 한국의 예능 프로그램에 등장하는 외국인 출연자들을 보면 우리는 외국에 매우 개방된 나라처럼 보인다.

그러나 과연 그럴까? 방송에 출연하는 외국인에게 보이는 개방된 태도는 우리 스스로 이방인에게 친절하다는 착각에 빠지게 하는 것은 아닐까? 《문화 트렌드 2021》에서 우리는 한류와 국뽕에 대해 논했다.

스팅

우리는 어쩌면 우리의 자존심과 안전을 지키는 한도 내에서만 이방인에게 친절하고 개방적인 것은 아닌지 모르겠다. 사실 이방인에 대해 이중적 태도를 갖는 것은 동서고금을 막론하고 일반적인 현상이었다. 그 하나의 예를 스팅이 1987년 발표한 〈잉글리쉬맨 인 뉴욕〉에서 찾아볼 수 있다.

〈잉글리쉬맨 인 뉴욕〉에는 많은 멋진 구절이 아름다운 선율과 스팅의 목소리와 함께 흘러나오는데, 그중 "다른 사람들이 무어라 말하든 자신감을 갖고, 무시당하는 것을 감내하고 웃음을 지을 수 있어야 한다"라는 가사가 등장한다. 나중에 이 가사는 영국의 작가이자 영화배우였고 게이 문화를 선도했던 쿠엔틴 크리스프에게 영감을 받아 헌정한 것으로 알려졌다. 그는 보수적이던 1940년대 영국 사회에서 커밍아웃을 한 성 소수자였는데, 차별을 견디면서 1975년 집필한 〈벌거벗은 공무원〉이 인정을 받아 TV 작품으로 방영되었다.

스팅의 노래에서는 영국 출신의 이방인이 미국 뉴욕에서 느끼는 감정을 모티프로 사용했지만, 실제로 쿠엔틴 크리스프가 겪었던 고립은 출신 지역이 아니라 성정체성과 관련된 것이었다. 이처럼 우리가 누군가를 차별하고 고립시키는 것에 악용할 수 있는 기준은 출신 지역뿐 아니라 인종, 이념, 성별, 그리고 심지어 연령일 수도 있다. 이 모든 단어에 '갈등'을 붙이는 것에 우리는 이미 익숙하지 않은가? 외국의 인종 갈등의 예로서 미국 내에서 발발한 #blacklivesmatter 운동이나 터키에서의 쿠르드족 분리독립, 보스니아에서의 인종청소 등이 잘 알려져있지만, 우리나라에서는 이러한 인종 차별 문제가 없다고 자신할 수 없다. 공사 현장에서 땀을 흘리는 외국인 노동자를 바라보며 불법 노동자 신분을 의심하는 시선을 보내거나, 시골에 시집온 동남아 출신 새댁을 바라보며 한국에 오게 된 경제적 동기에 대해 섣부르게 추측하는 우리의 모습은 TV에 출연하는 외국인 연예인들에게 보내는 따

쿠엔틴 크리스프

뜻한 사랑과 격려의 시선과 비교할 때 이중적인 태도라고 하지 않을 수 없다.

이방인 차별은 출신 지역에 의해서만 일어나는 것은 아니다. 이념적으로 네 편 내 편을 가르는 일도 빈번하게 발생한다. 지역감정을 부추기는 정치인이 비판을 받는 문화는 정착되고 있는 반면, 보수와 진보 진영으로 나뉘어 같은 진영에 대해서는 무조건적인 옹호를, 상대 진영에 대해서는 무조건적인 공격을 취하는 문화는 아직도 성행하고 있다. 이러한 의미를 가진 '내로남불'은 1996년 박희태 의원이 국회에서 사용해서 크게 유행하게 되었는데, 20년의 시간이 흐른 지금도 한국의 정치 현실을 표현하고 있다. 남녀 불평등과 이로 인한 갈등은 우리 사회가 풀어야 할 묵은 과제라 할 수 있는데, 최근에는 남성 역차별 이슈도 떠오르고 있다. 일반적으로 여성에게 불리한 여러 관행을 조정하기 위해 취해진 조치들이 오히려 남성에게 불리한 결과를 가져오는 현상이 나타나자 이에 대한 개선을 요구하는 목소리가 높아지게 된 것이다. 예를 들어 1960년대 초 이래 시행되었던 군 가점부여 제도는 1999년 헌법소원심판에 의해 효력을 상실했는데, 2021년 일부 국회의원이 이를 부활시키려는 시도를 하고 있다.

연령대 사이의 갈등은 과거 모든 시대에 존재했던 이슈이고, 심지어 함무라비 법전이나 이집트 피라미드의 낙서에도 "요즘 아이들은 버릇이 없어서 큰일이다"라는 내용이 남아 있었다는데, 그런 아이들이 수천 년 동안 만든 세상이 아직도 멀쩡하니 그리 큰 문제가 아닐 수도 있겠다. 그러나 최근의 세대 갈등은 인류 역사상 최초로 겪는 출산율 저하와 젊은 세대의 인권을 존중하는 인식 변화와 더불어 완전히 다른 양상으로 흐르는 듯하다. 40대 직장인들은 과거에는 586세대에게

눌려 살다가 지금은 MZ세대 눈치를 보아야 한다고 울상이고, MZ세대는 기성세대가 만들어놓은 열악한 주거, 교육, 육아 환경에 대해 불만이다. 연금 고갈과 부동산 가격 급등의 문제를 해결하지 못하고 젊은 세대의 부담으로 넘기는 정책에 대한 불안감이 세대 간 갈등을 부추기고 주니어는 시니어를, 시니어는 주니어를 이방인 취급하는 양상으로 흐르고 있는 듯하다. 특히 청년을 배려하기 위한 취지로 추진되는 정책마저 과연 형평성에 맞는가에 대한 논쟁이 이어졌다. 예를 들어 2021년 6월 청와대에서 여당의 최고위원 출신 25세 대학생을 1급 공무원 지위를 갖는 청년비서관으로 임명하자 공무원을 준비하는 또 다른 청년은 박탈감과 회의감을 느꼈다며 청와대 국민청원에 해임을 청원하는 글을 올리기도 했다.

출신 지역, 인종, 이념, 성별, 그리고 연령 등으로 갈라져서 서로 이방인이 되는 사람들은 서로 위험한 존재일 수도, 친구일 수도, 아니면 별 상관없는 존재일 수도 있다. 그러나 분명한 것은 우리는 예전보다 훨씬 다양한 이방인 사이에서 갈등을 겪으며 살아가야 한다는 것이다. 이것을 단순히 "사회가 복잡해지고 있다"라는 말로 설명하기에는 충분하지 않다.

2. Why is it?

다양한 이방인이 탄생하고 그 가운데에서 갈등이 빚어지게 되는 이유는 확실한 네 편과 내 편을 구분하려는 경향이다. 사람은 원래 모호한 것을 싫어하고 확정적으로 구별하는 것을 선호한다. 학문적 사조 중에서도 환원주의(reductionism)는 복잡하고 추상적인 것을 확실히 이해하기 위해 기본적인 요소들로 구분하여 정의하는 것을 추구한다. 예를 들어 사람들을 구분할 필요가 있을 때는 피부색이나 사용하는 언어 등 객관적인 기준들을 정하여 그 기준에 따라 구분하게 된다. 이 과정에서 가장 단순한 구분법으로 선택할 수 있는 것은 본인이 자의적으로 바꿀 수 없는 출신 지역, 인종, 성별, 연령 등의 기준들이다.

문제는 이러한 구분이 필요하지 않음에도 굳이 구분하려는 태도에 있다. 그것은 네 편과 내 편을 구분하지 않으면 뭔가 불안하게 되는 상황 때문이다. 사실 편을 구분하지 않아도 불안하지 않을 때는 굳이 편을 확인할 필요가 없다. 치명적인 위협이 존재하지 않는 경우, 가용 자원이 풍부하여 경합이 일어나지 않는 경우, 또는 서로 협력적일 때 더 나은 결과가 나오는 경우 등이 그러하다. 예를 들어 초등학교 반장 선거를 떠올려보자. 첫째, 30명이 있는 반에 두 명의 반장 후보가 나섰는데 그 반장 후보 중 한 명이 이미 25명의 지지자를 확보했다고 한다면 나머지 5명이 본인을 지지하는지 상대를 지지하는지 확인할 필요가 없는 경우, 둘째, 반장 말고 전교회장으로 뽑힐 가능성도 존재하는 경우 굳이 반장에 당선되기 위해 전력을 다할 필요가 없는 경우, 셋째, 두 명의 후보가 반장 아니면 부반장에 당선되는데 두 직책에 큰 차이가 없고 두 명의 임원이 뭉쳐서 협력해야 그 반이 당면한 현안을 해결할 수 있는 경우, 반장 후보는 당선되기 위해 편을 확인할 필요가 없다.

그런데 현실에서는 상황이 복잡하다. 우리나라 방송에 출연하는 외국인이 한국 예능인들의 지위를 위협하지는 않을 것 같지만 우리나라에 취업한 외국인은 한국 사람들의 일자리를 차지하고 있는 것처럼 보인다. 기대수명은 증가하여 은퇴자 연금 지급은 늘어가는데 이 연금을 채울 젊은이의 수는 감소하고 있다. 대화와 타협이 한국의 정치를 발전시킨다는 점에 모두가 동의하지만, 현실은 국민의 눈높이에 맞지 않는 대립만이 보일 뿐이다. 이러한 상황에서 내 편이 아닌 사람들과 함께한다는 것은 마치 정체를 알 수 없는 외계인을 집으로 초대하는 것처럼 불안하고 위협적일 뿐이다.

네 편과 내 편을 구분하려는 현상이 나타나는 경우의 예로서 팬덤 현상을 들 수 있다. 연예인에 대한 팬덤 현상은 과거에도 존재했는데, 1990년대에 H.O.T.의 팬들과 젝스키스의 팬들은 서로 경쟁적으로 팬덤을 형성했고 그 이전에도 남진과 나훈아의 팬들도 치열하게 경쟁적 팬덤을 결성했다고 한다.

물론 연예인 팬덤 현상이 반드시 네 편과 내 편을 구분하는 것으

H.O.T.의 초기 홈페이지

로 흐르는 것은 아니다. 본인이 응원하는 아이돌에 대해 지원하는 것은 다른 아이돌에게 피해를 입히지 않고도 얼마든지 큰 영향력을 미칠 수 있다. 가끔 특정 아이돌의 열정적 모습을 담은 동영상을 팬이 온라인에 올려서 음원차트 역주행이 일어나는 것을 볼 수 있는데, 그룹 EXID의 〈위아래〉는 2014년 8월 발표된 후 4개월 만에, 그룹 브레이브걸스의 〈롤린〉은 2017년 발표된 후 4년 만인 2021년 공중파 음악방송 1위를 하는 진기록을 세웠다. 이러한 현상은 특정 팬이 제작한 직캠에 의해 직접적으로 촉발되었지만, 그 기저에는 해당 그룹이 가진 저력에 대한 대중의 긍정적인 인식이 뒷받침하고 있었다고 볼 수 있다. 2021년 7월 현재 빌보드 차트에서 8주 연속 1위를 하고 있는 BTS의 인기는 팬덤 아미의 든든한 뒷받침의 결과다.

그러나 정치적 팬덤 현상은 거의 예외 없이 편 가르기의 양상을 보이는 듯하다. 앞에서 언급했던 출신 지역, 인종, 성별, 연령의 기준은 모두 본인이 자의적으로 선택할 수 없는 편 가르기의 기준들이지만, 정치적 이념은 본인이 얼마든지 선택할 수 있는 요인이다. 때에 따라서는 그야말로 박쥐처럼 이쪽 진영에서 저쪽 진영으로 갈아타기도 할 수 있는 선택권이 남아 있다. 이러한 갈아타기의 가능성은 팬덤의 대상인 정치인 입장에서나 또는 팬덤의 주체인 지지자 입장에서도 모두 매우 난감한 일이 아닐 수 없다. 정치인을 중심으로 한 집단의 정치적 입지의 강화와 더 나아가서 권력 창출을 위해 가장 중요한 것은 집단 내의 견고한 결집일 터인데, 정치인 본인이 특정 사안에 대해 모호한 태도를 보여서 지지자를 혼란스럽게 하거나 또는 지지자들의 이념적 정체성이 모호해서 해당 정치인의 견고한 지지기반이 되지 못한다면 이 집단은 마치 오로지 돈을 위해 모인 외인부대처럼 이방인의 집

인종의 용광로 미국

단이 되기 쉽다. 그러므로 특정 정치인을 최고 권력의 지위까지 밀어 올리기 위해서는 해당 정치인을 위한 정치적 팬덤은 단순한 이슈에 대한 편 가르기를 통해 견고한 응집력을 가지는 것이 필요하다. 예를 들어 트럼프 대통령이 내세웠던 정치적 슬로건인 '아메리카 퍼스트'는 백인 중심의 찐 미국 사람과 이러한 미국인의 일자리를 위협하는 외국인 이방인을 구별하여 찐 미국 사람에게 유리한 다양한 정책을 추진하는 것이었다. 이것은 평소에 드러나지 않았던 '샤이 트럼프'를 자극하여 그를 대통령의 지위까지 인도했다. 자유와 평등을 신봉하고 인종의 용광로를 추구했던 미국 내에서 수많은 이방인이 탄생한 순간이다.

3. Where is it going?

비록 트럼프는 재선에 실패했고 열린 사회를 추구하는 조 바이든 대통령의 정책으로 인해 미국 내 이방인은 숨통을 트고 있지만, 여전히 미국 내에 샤이 트럼프가 존재하고 있는 것은 사실이다. 우리나라에도 비록 많은 외국인 출연 예능 프로그램이 존재하지만, 여전히 이방인에 대한 기피와 우려가 남아 있는 것이 사실이다. 외국인 이방인 외에도 성별, 연령, 이념적 이방인 역시 우리의 일상생활에서 여러 문제를 일으킬 수 있다. 이제 이러한 양상은 우리의 생활에 어떠한 영향을 미칠 것인가?

가장 중요한 트렌드로서 용광로에서 샐러드볼로의 본격적인 인식 전환을 예측할 수 있다. 앞에서 미국은 오랫동안 인종의 용광로를 추구해왔다고 설명했는데, 1900년대 초부터 이 개념이 사용되어왔다. 그런데 2000년대에 다문화주의가 중시되면서 여러 문화가 각자의 특성을 보존하면서 결합하는 방식이 제안되었다. 이와 관련되는 비유로서 '샐러드볼(샐러드 그릇)', '모자이크 사회', 또는 '만화경(kaleidoscope)'이 있다. 샐러드볼에는 다양한 채소가 들어가는데, 용광로처럼 화학적 결합을 하는 것이 아니라 그저 물리적으로 섞일 뿐이다. 모자이크 사회는 캐나다가 미국과 다른 점을 부각할 때 사용한 개념으로 북미, 프랑스, 아시아 문화 등 다양한 문화가 각자의 개성을 유지하면서 캐나다 사회의 문화를 구성하는 현상을 말한다. 만화경 역시 수많은 조각 영상이 모여서 하나의 영상을 구성하는 것을 표현하는데, 각각의 영상이 서로를 간섭하지 않고 그저 다른 영상과 조화를 이룰 뿐이다.

만화경의 예

2021년 7월 국민의 힘 이준석 대표가 어느 정치인의 정당 내 영입에 대해 언급하면서 비빔밥의 당근으로 비유했는데, 고유한 특성을 지키면서 완성된 음식에서 하나의 식재료 역할을 한다는 의미였다. 이 발언은 비유의 적절성 여부를 떠나 대중에게 샐러드볼 개념에 대해 중요한 이슈를 제시한 계기가 되었다. "정치적 이념이 부분적으로 상이할 수 있는 인사가 한 정당에 속하는 것이 정당화될 수 있는가?"에 대한 질문에서 시작되는 샐러드볼의 이슈는 다양하게 전개될 것으로 예측된다. 예를 들어 성전환 수술 군인의 복무에 대한 시선, 전 국가대표로서 외국팀에서 활약했던 선수의 국내 복귀에 대한 시선, 은퇴 후 재입사한 시니어 직원의 지위에 대한 시선 등은 집단에서의 이질감에 대한 포용의 정도와 관련되어 있다.

이들은 어떤 의미에서는 우리가 이해하기 힘든 외계인이고 이방인이며, 이상한 존재(weirdo)일 수 있다. 라디오헤드가 불렀던

〈Creep〉에 나오는 weirdo 말이다. 2022년에도 계속되는 이방인의 탄생은 우리의 일상에 적지 않은 변화를 일으킬 것이다.

라디오헤드

8 예능과 금기

이혼이 바람직한 경우

《문화 트렌드 2021》에서는 한국의 예능 프로그램이 직업적 엄숙주의를 탈피한 탈권위, 결과보다 과정을 중시하는 탈권위, 그리고 경쟁보다 협력을 중시하는 탈권위의 방향으로 진화할 것을 예측했다. 2021년에도 우리는 〈뭉쳐야 쏜다〉와 〈뭉쳐야 쏜다 II〉에서 더 많은 국가대표급 스포츠인이 농구와 축구를 하기 위해 코트에 나서고, 〈강철부대〉에서 승리의 결과보다 과정에 초점을 맞추며, 〈싱어게인〉과 〈슈퍼밴드〉에서 협력을 중시하는 경연이 진행되는 것을 보았다. 이제 한국의 예능 프로그램은 지금까지의 금기를 깨는 방향으로 한 걸음 더 나아가고 있다. 이별과 재결합, 이혼, 이혼 후 육아 문제를 포함해서.

1. What do we see?

〈우리 이혼했어요〉, 〈돌싱글즈〉, 〈내가 키운다〉, 그리고 〈신발 벗고 돌싱포맨〉의 공통점은? 제목에서 짐작할 수 있듯이 이혼과 돌싱 라이프, 그리고 돌싱 육아를 주제로 하는 예능 프로그램이다. 본격적인 주제로 다루지는 않지만 〈아는 형님〉이나 〈미운오리새끼〉에서도 특정 고정 출연자의 이혼 사실을 종종 공개적인 이야기 소재로 다룬다. 예전에는 개인의 사생활, 그것도 과거의 상처로 생각해서 터놓고 이야기하기 힘들었던 이혼 이야기를 이렇게 공개적으로 하게 된 것은 방송 콘텐츠의 큰 변화라 할 수 있다.

더욱 놀라운 것은 이혼을 중심으로 한 다양한 콘텐츠로 확산되는 추세라는 것이다. 2021년 2월에 시즌 1을 마치고 2021년 가을에 시즌 2를 시작할 예정인 TV조선의 〈우리 이혼했어요〉는 이영하와 선우은숙, 이하늘과 박유선 등 세간에 화제를 가져왔던 이혼 커플들을 등장시켜서 관심과 논란을 동시에 유발했다. 이 프로그램은 2009년 처음 방영되어 2017년 시즌 4까지 방영되었던 〈우리 결혼했어요〉의 제목을 패러디한 것으로, 연예인이 출연한 가상 결혼 프로그램을 실제 이혼 커플의 리얼리티 프로그램으로 변형한 것이었다. 사실 유명 연예인이 이혼하는 소식은 대체로 보수적인 한국 사회에서 그다지 즐거운 소식으로 받아들여지지 않고 이혼 당사자 역시 일정 기간 몸을

졸리와 피트

사리는 경우가 많다. 그런데 이혼 당사자가 전 배우자와 방송에 함께 나와서 예전 일에 대해 직접 언급하는 일은 과거에는 상상하기 힘든 일이었다.

이러한 프로그램은 MBN에서 2021년 7월부터 방영했던 〈돌싱글즈〉로 또다시 진화했다. 이번에는 일반인 이혼 남녀 8명을 모아서 이전에 방영되었던 〈짝〉이나 〈하트 시그널〉 같은 전형적인 짝짓기 리얼리티 프로그램이 시작되었다. 대체로 일반인이 짝짓기 프로그램에 출연할 때는 전문적이거나 독특한 직업 또는 개성을 어필하기 마련이었는데, 이와 더불어 이혼 경험 조건을 추가한 프로그램이 등장한 것이다.

이혼 당사자를 주인공으로 하는 이 포맷은 2021년 7월 JTBC에서 방영이 시작된 〈용감한 솔로 육아: 내가 키운다〉에서 한 걸음 더 나아갔는데, 여기에서는 채림, 조윤희, 김현숙, 김나영이 혼자 아이를 키우는 과정을 예능 프로그램의 소재로 활용했다. 사실 연예인의 가족이 방송에 등장하는 것이 흔하지 않았던 시절이 있었고 지금도 어떤 연예인들, 예를 들어 유재석이나 강호동 등은 방송에서 가족의 이름만 언급할 뿐 얼굴을 공개하는 것을 꺼리기도 한다. 아마도 연예인의 가족이 본격적으로 방송에 등장하게 된 것은 2013년 MBC에서 처음 방영되어 2015년 시즌 2까지 이어졌던 〈아빠! 어디가?〉였을 것이다. 그 이전에도 2009년 방영되었던 〈스타주니어쇼 붕어빵〉에서 연예인 자녀들이 등장하기는 했지만, 스튜디오 안에서 정해진 게임을 하는 포맷이었고 〈아빠! 어디가?〉는 리얼리티 관찰 프로그램으로서 최대한 자연스럽게 주어진 상황에서 아이들의 반응을 시청자에게 전달하는 것을 추구했다. 사실 아이들이 출연하는 프로그램은 여러 측면에서 우려의 대상이 될 수 있다. 시청률이 생명인 예능 프로그램에서 어느 수준까지 자극적인 요소가 허용될 수 있는가, 아이들 출연 과정에서 야간 촬영을 금지하는 등 아동의 권익이 충분히 보호되는가, 그리고 아무리 리얼리티 프로그램이라 할지라도 연예인 가족의 일상적 모습을 어느 수준까지 노출해야 하는가 등 여러 이슈를 품을 수 있다.

사실 우리는 연예인 가족들이 사생활을 보호하는 취지에서 얼굴을 노출하지 않는 관행에 익숙하다. 특히 바람직하지 않은 소식으로 연예인이 방송에 노출되는 경우 그러한데, 그중 대표적인 예가 이혼이었다. 그래서 간혹 연예인의 결혼 소식을 전할 때는 그대로 노출되었던 배우자의 얼굴이 이혼 소식을 전할 때는 모자이크로 처리되었던 것을 볼 수 있었다. 가족사진을 보여줄 때도 마찬가지였다. 이혼 연예인의 한때 단란했던 가족사진에서 연예인 당사자를 제외하고는 모두 모자이크 처리를 하는 것이 관행이다.

그런데 〈용감한 솔로 육아: 내가 키운다〉의 경우 이러한 관행이

상당히 깨어진 것을 볼 수 있다. 자녀의 얼굴과 일상이 방송에 노출되는 것을 꺼리지 않는 이혼 연예인들의 결정은 여러 금기에 대한 우리 사회의 인식이 얼마나 바뀌었는지를 보여주는 단적인 예라 할 수 있다. 이제 이러한 변화의 기저에 존재하는 트렌드에 대해 생각해보자.

2. Why is it?

시간이 지남에 따라 사회적 금기는 점차 깨어지게 마련이다. 이전에는 불경스럽거나 부끄럽다는 등의 이유로 드러내기 힘들었던 여러 주제가 이제는 열린 공간에서 다뤄지는 것을 볼 수 있다. 그 기저에는 현실을 그대로 직면하고 인정하는 태도, 사회적 금기도 논의할 수 있다는 자신감, 그리고 장르 파괴의 추세가 있다.

그것은 내 탓이 아니다

사회적으로 금기시되던 주제들이 예능 프로그램에 등장하게 된 첫 배경으로 현실 인정의 분위기를 들 수 있다. 한마디로 표현하면 "어쩔"이고, 이것은 "어쩌라고" 또는 "어쩔 수 없지 않나"의 준말이다. 뭔가 문제를 제기하는 상대방에게 날릴 수 있는 단순한 반격이다.

사실 '꼰대'로 상징되는 지나치게 보수적인 사람들은 기존의 가치관을 가지고 다른 사람들의 상태에 대해 우려하고 걱정한다. 늦은 나이에도 결혼을 안 하거나 혹은 결혼해도 오랫동안 자식이 없는 경우, 이혼한 경우, 직장을 오랫동안 구하지 못했거나 승진이 늦어지는 경우 등 다른 사람을 걱정할 수 있는 이유는 수없이 많다. 이렇게 불필요하게 다른 사람의 상황에 대해 참견하고 걱정하는 것을 '오지랖이 넓다'라고도 표현한다. 그런데 꼰대이든 오지랖이 넓든, 다른 사람에게 뭔가 문제가 있고 그것으로 인해 그 사람이 위축될 것이라고 생각해서 지레 그 사람을 정상적인 사회적 활동에서 제외해버리는 경우가 있다. 예를 들어 재수를 하고 있는 고등학교 동창 친구에게 모임 연락을 하지 않는다든가, 모임 중에서 사귀던 중 이별한 남녀에게는 모임 연락을 하지 않을 수 있다. 물론 이러한 행동이 상대에 대한 배려심에 기인할 수 있다. 재수를 하고 있거나 이별한 전애인을 만나야 하는 상황에서 친구들 모임에 나오는 것은 불편할 것이라는 배려다. 그러나 가만히 생각해보면 그 친구만을 배려하기보다는 오히려 그 친구로 인해 불편할 수도 있는 그 친구를 제외한 다른 친구들, 특히 본인 자신을 배려하는 행동일 수도 있다.

만약 그 당사자가 재수를 하는 상황 또는 전애인을 만나는 것이 아무렇지도 않은데 미리 당사자의 불편함을 결론지어서 모임에 초대

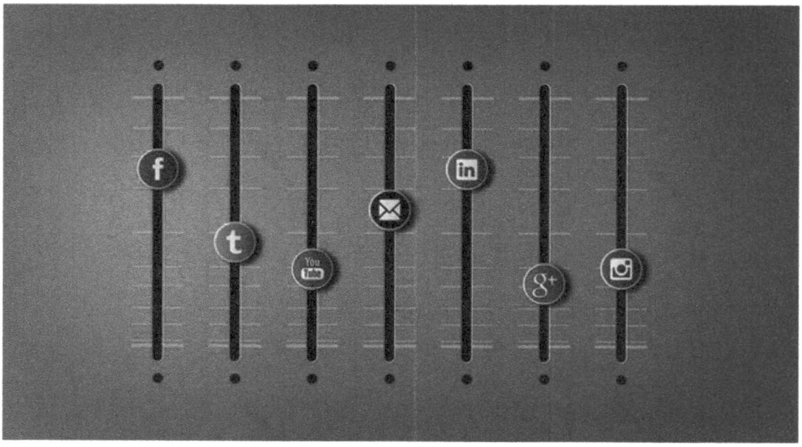

다양한 소셜 미디어

하지 않는다면 그것은 사회적으로 소외되도록 낙인을 찍어버리는 것이다. "어쩔"은 그럴 때 쓰는 말이다. "그래서 어쩌라고. 너희들이 뭘 도와줄 수 있는데?"

걱정만 한다고 해결될 일이 아닌 일에 대해 그대로 받아들이고 열린 공간에서 이야기할 수 있는 분위기는 팟캐스트와 유튜브 콘텐츠의 폭증과 함께 자연스럽게 조성되고 있는 듯하다. 이전까지는 어떠한 사안에 대해 사람들이 공개적으로 이야기할 수 있는 공간이 공영방송이나 인쇄매체, 대학교 대자보, 또는 인터넷 동호회 등으로 제한적이었지만, 각종 개인 제작 콘텐츠가 다양한 경로를 통해 사람들과 공유되면서 그 주제도 거의 무제한적으로 확장되었다. 그리고 그 파장이 공중파 예능 프로그램에까지 미치고 있다. 물론 팟캐스트나 유튜브에서도 극히 일부에서나 다룰 수 있는 극단적이거나 반사회적인 주제는 공중파의 심의를 넘지 못할 것이지만, 이혼 문제나 이직 문제 등 이전에는 터놓고 이야기하기 힘들었던 주제에 대해 이미 팟캐스트와 유튜브에서 익숙히 접했던 사람들은 이를 공중파에서 다루는 데 큰 저항을 받지 않을 수 있다.

우리는 감당할 수 있다

과거에는 공개적으로 언급하는 것이 금기시되던 주제가 수면 위로 떠오른 사례를 찾아보면 1988년 화제를 모았던 방송 프로그램 〈구성애의 아우성〉을 들 수 있다. 아우성은 '아름다운 우리 아이들의 성을 위하여'의 준말로서 청소년의 성교육을 공개적으로 방송에서 다루게 된 계기를 마련했다. 이전에는 혼전 경험이나 자위행위 등 가정 교육의 대상으로만 치부했던 주제들을 이미 30년 전에 공중파에서 언급했다는 것은 지금 생각해도 대단한 일이었다.

돌이켜보면 그 당시 한국 사회는 올림픽 개최와 민주화 과정에서 격변을 거치는 시기였던 것 같은데, 사실 어느 시기이든 격변을 거치지 않았던 시기가 있었을까? 새로운 가치관을 장착한 새로운 세대는 기존 세대를 대체하고 있고 그 과정에서 우리는 더 높은 자신감을 갖게 된다. 예를 들어 올림픽 개최국의 프리미엄이 있기는 했지만, 한국은 160개국이 참여했던 역대 최대 규모의 1988년 올림픽에서 금메달 12개로 소련, 동독, 미국에 이어 종합 4위를 기록했고, 가수 싸이의 〈강남스타일〉 뮤직비디오는 2012년 전 세계 유튜브 조회 수 1위 및 역사상 첫 10억 뷰를 달성했으며, 2021년 방탄소년단은 〈버터〉로 빌보드 1위를 기록했다. 과거에는 선진국에서나 볼 수 있었던 일들이 이제는 한국인의 손에 의해 이루어지는 것을 보면서 우리도 더 이상 후발 주자로만 머무를 필요가 없다는 공감대가 형성되었다고 할 수 있다.

싸이의 〈강남스타일〉

즉, 지금까지 선진국의 선례를 관찰하면서 조심스럽게 진행했던 관행을 깨고 우리가 세운 기준으로 외국을 선도하는 방식을 찾게 된 것이다. 이러한 경향은 특히 한류로 통칭되는 문화예술 분야에서 많이 볼 수 있는데, 예를 들어 〈아빠! 어디가?〉나 〈나는 가수다〉 등 예능 프로그램의 포맷은 외국에 수출되어 현지화한 것을 발견할 수 있다. 이처럼 한국적 리얼리티 예능 프로그램은 하나의 모델이 되어 외국 프로그램의 원형이 되어가고 있으며, 이 과정에서 더욱 과감하게 기존의 금기를 깨고 예능 프로그램의 주제를 확장하려는 시도가 이루어지고 있다고 할 수 있다.

장르는 중요하지 않다

사회적 금기가 깨어지는 세 번째 이유로 장르 파괴의 추세를 들 수 있다. 이것은 주어진 목표를 달성하기 위해 기존의 관례를 극복하고 하나의 장르에 머무르지 않는 것이다. 장르 파괴를 적용하기 힘든 분야 중 하나는 보수적인 정치 분야인데, 2021년 7월에 실시되었던 국민의힘 대변인 선발은 마치 가수 경연대회를 하듯 공개적인 토론 경연을 통해 이루어졌다. 이 프로그램은 사람들의 관심을 끌기 위한 장르 파괴의 좋은 예를 보여주었다. 물론 대통령 선거 과정도 유사한 토론을 거친다고 할 수 있지만, 즉석에서 패널이 평가 점수를 공개하는 예능적 장치를 마련하지는 않는다.

교양 분야도 마찬가지다. 보통 방송 제작에서 시사와 교양은 예능과 구분되는데, 최근의 교양 프로그램은 예능 프로그램과 잘 구분되지 않는다. 예를 들어 JTBC에서 2017년부터 방영되고 있는 〈차이나는 클라스〉는 교양 프로그램으로 분류되지만, tvN에서 2021년 6월에 시즌 2를 시작했던 〈벌거벗은 세계사〉는 예능 프로그램으로 분류된다. JTBC에서 동년 5월에 방영했던 〈그림도둑들〉은 예능 프로그램이지만, 마치 교양 프로그램 같은 느낌을 준다. 이 모든 프로그램의 공통점은 패널이 문제 풀이를 위해 경쟁하는 등 재미를 적용하는 요소를 가지고 있다는 것이다.

장르 파괴는 흥미를 유발하고 금기를 깨는 효과를 가져온다. 예를 들어 영화 〈기생충〉에 대해 어느 영화 비평가는 이 영화의 장르를 '봉준호 장르'라고 명명했다. 영화의 주제가 계급 갈등이기는 한데, 주제를 풀어나가는 방식이 코믹과 공포 등 다양한 장르를 넘나들기 때문이다. 이처럼 장르 파괴의 결과 종종 새로운 장르가 창조되기도 한다. 이전 장르로는 담아낼 수 없는 주제들을 새로운 장르에서는 큰 저항 없이 담아낼 수도 있다. 예를 들어 연예인 관찰 예능과 육아 예능, 이혼 이슈에 대한 교양이 결합할 수 있다. 그 과정에서 이혼 후 독신 여

봉준호 감독

자 연예인의 육아를 다루는 새로운 관찰 예능 프로그램 장르가 탄생할 수도 있다.

3. Where is it going?

2021년 등장한 새로운 예능 프로그램들은 과거에 금기시되었던 이혼과 돌싱 라이프, 그리고 돌싱 육아 등 다소 민감한 주제들을 과감히 다루고 있다. 정치, 경제, 사회 등의 분야를 망라하는 예능 프로그램의 등장은 사회적 금기의 영역에 거침없이 진입하고 있다. 이제 이 트렌드는 2022년에 어떻게 진화할 것인가?

첫째, 정치의 예능화는 급격히 진행될 것이 확실하다. 방송인 김구라가 진행하는 등 예능의 요소를 많이 갖추었던 JTBC 시사교양 프로그램 〈썰전〉에 출연했던 이철희, 이준석, 박형준은 그 이후 청와대 정무수석비서관, 국민의 힘 대표, 부산시장으로 활발히 활동하고 있다. 홍진경과 그 딸이 출연하는 유튜브 콘텐츠인 〈공부왕찐천재〉에는 2021년 서울시장 보궐선거를 앞둔 시기인 3월에 안철수와 나경원이 출연했다. 여러 시사 프로그램에서 정치 평론을 했던 김영우 전 국회의원은 새롭게 대권 선언을 한 전 감사원장 최재형의 대국민 소통채널이 되었고, 〈김진의 돌직구쇼〉 등에 출연했던 박용진 국회의원은 대통령 선거에 출마했다. 방송 출연을 통한 대중적 인기를 정치인의 정치적 자산으로 활용하는 사례는 점점 증가하고 있으며, 이러한 추세로 보아 언젠가는 예능 프로그램 출신 대통령이 배출될 가능성마저 점쳐볼 수 있겠다. 이미 2022년 대권에 도전한 윤석열, 이재명, 이낙연 후보는 2021년 9월 이후 방영된 SBS의 〈집사부일체〉에 출연했고, 홍준표 후보는 TV조선의 〈와이프 카드 쓰는 남자〉에 출연했다.

둘째, 음악의 예능화 역시 지속적으로 진행되면서 가수 및 기획자의 전문성에 도전하는 현상도 예상된다. 예를 들어 2020년 유산슬, 싹쓰리, 환불원정대의 음원을 음악 차트 상위권에 올렸던 〈놀면 뭐하니?〉는 2021년에도 MSG워너비의 음원을 차트 1위에 내놓으며 음원 강자의 원천이 되었다. 예능적 재미를 가미한 음원 창작 과정을 공개하여 대중의 사랑을 받는 일은 이미 음원의 성공 공식이 되었다. 〈슬기로운 의사생활 시즌 2〉에서는 매주 주연 배우들이 연주하는 밴드 음악 음원을 내놓고 있고, 2021년 〈내 루돌프〉 음원을 발표한 코미디언 부캐 남성듀오 매드몬스터도 음원차트와 방송에서 적지 않은 인기를 끌고 있다.

셋째, 변화의 속도 면에서 볼 때 예능 프로그램이 사회적 금기를 깨는 속도는 프로그램의 디테일에 달려 있다고 할 수 있다. 즉, 얼마

〈SNL〉의 호스트로 출연한 조나 힐(Jonah Hill)

나 세련되고 재미있게 포장 하는가에 달려 있다는 것이다. tvN에서 2011년부터 2017년까지 방영되었던 〈새터데이 나이트 라이브 코리아(SNL Korea)〉는 상당히 진보적으로 정치와 성에 대한 금기를 깨는 풍자 코미디를 선보였으나 코미디 프로그램의 전반적인 쇠퇴와 함께 그 이후 코미디에서는 정치나 성에 대해 풍자하는 프로그램을 찾아보기 힘들고, 2021년 9월에 시즌 9으로 부활했지만 아직 본격적인 정치 풍자가 이루어지지는 않고 있다. 반면에 드라마 분야에서는 동성애 캐릭터가 꾸준히 등장하고 있는데, 예를 들어 1999년 KBS에서 방영되었던 노희경 작가의 〈슬픈 유혹〉, 2010년 SBS에서 방영되었던 김수현 작가의 드라마 〈인생은 아름다워〉, 2012년 tvN에서 방영되었던 〈응답하라 1997〉, 그리고 2021년 tvN에서 방영되었던 〈마인〉 등에서는 지속적으로 논란과 공감을 일으키고 있다. 즉, 사회적 금기의 주제들을 코미디에서 다룰 때의 디테일과 드라마에서 다룰 때의 디테일이 상이했기 때문에 사람들이 이러한 이슈들을 받아들이는 태도가 달랐지 않았나 추측할 수 있다. 2020년 7월 채널A에서 방영이 시작된 〈다시 뜨거워지고 싶은 애로부부〉는 부부의 성에 대해 다루는 19금 예능 프로그램이다. 이 프로그램이 부부의 성에 대한 금기를 깨는 것에 얼마나 기여할 것인가 역시 프로그램의 세련도와 디테일에 달려 있다고 할 수 있다.

9 프로와 아마추어

아트테이너로 활동하고 있는 배우 하정우

《문화 트렌드 2021》에서 우리는 정치인, 스포츠인, 예능인 사이의 경계가 모호해지고 예능의 영역이 파괴되는 현상에 대해 이야기했다. 그리고 이러한 현상은 더욱 확장되어 사회 전반적으로 프로와 아마추어 간의 경계가 무너지는 모습으로 관찰되고 있다. 전문가와 비전문가, 프로와 아마추어, 견고해 보이던 그들 간의 장벽은 왜 흔들리는 것일까?

'아트테이너'의 부상

최근 미술계에서는 '아트테이너(art+entertainer, 예술 활동을 하는 연예인)'의 활발한 활동이 눈에 띈다. 미술작가 연예인 1세대라고 할 수 있는 가수 조영남을 비롯해 가수 솔비, 송민호, 배우 하정우, 구혜선, 하지원 등 많은 연예인이 작가로 활동 중이다. 아트페어나 전시에도 적극적으로 참여하며 여타 작가들과 다르지 않은 행보를 보이면서 해외 갤러리에서도 관심을 갖는 작가로 성장하고 있다. 초기에는 그저 취미활동 정도로 여겨졌던 그들의 작업이 시장에서 성공적으로 판매되면서 세간의 이목을 더욱 집중시키는 것도 사실이다. 현재 활동하고 있는 아트테이너 중에는 연예인으로서의 명성을 제외하고도 미술작가로서의 실력을 인정받는 경우도 늘고 있다. 그리고 이러한 아트테이너의 활동이 대중에게 예술에 대한 관심을 불러일으키고, 예술의 저변 확대에 긍정적인 역할을 하고 있다는 평가를 받고 있다.

그러나 한편에서는 이러한 아트테이너의 활동을 부정적으로 바라보는 시각도 존재한다. 오랜 기간 준비해 미술대학을 졸업하여 작가로 활동하고 있는 기존 작가들은 컬렉터들에게 자신의 이름을 알리고 작품을 판매하기까지 정말 많은 노력이 필요하다. 그러나 아트테이너는 상대적으로 배우나 가수로서의 명성을 활용해 쉽게 작품을 알리고 판매할 수 있다. 그것이 호기심 때문이든 팬심 때문이든, 연예인 누구의 작품이라고 하면 눈길이 가는 것도 사실이다. 이런 상황에서 기존 작가들이 느끼게 되는 박탈감과 한정적인 국내 미술시장의 파이가 작아지는 것에 대한 우려가 늘어나고 있고, 작품의 완성도에 비해 과

대평가를 받는다는 지적까지 등장하면서 온라인상에서 설전이 이어졌다.

덕업일치

프로와 아마추어를 나누는 기준은 여러 가지가 될 수 있지만 보통은 어떤 일을 직업으로 삼고 있는 사람, 즉 그 일을 통해 수익을 창출하는 사람은 '프로'라고 부르고 어떤 일을 취미로 삼고 있는 사람, 즉 그 일을 통해 돈을 벌지 않는 사람은 '아마추어'라고 부른다.

팬데믹이 확산되고 사람들이 집에서 보내는 여유 시간이 많아지면서 예전에는 전문가가 맡았던 일에 직접 도전하는 사람들이 늘어나고 있다. DIY(do-it-yourself) 열풍이라고 불러도 과하지 않은 수준이다. DIY는 완제품이 아닌 각 부품을 소비자가 구입하여 직접 조립하거나 제작하는 것을 말하는데, 스웨덴 가구 브랜드인 이케아(IKEA)는 이러한 DIY 콘셉트로 가구 제작 및 유통 단가를 낮추고 소비자에게는 새로운 경험을 제공하여 인기를 얻은 대표적인 기업이다.

사는 게 바쁘다 보니 DIY를 귀찮게 여겼던 사람들도 최근에는 집콕하는 무료한 시간을 달래기 위해 DIY에 도전하는 경우가 많아졌다. 인터넷을 검색하면 그동안 전문가들의 영역으로 여겨졌던 도배나 가구 제작 방법을 쉽게 찾을 수 있고, 원하는 사진을 보내면 캔버스에 나만의 작품을 만들 수 있도록 도안을 제작해주는 업체도 있다. 그리고 이제는 집에서 막걸리도 만들어 먹을 수 있도록 쌀가루, 누룩, 효모 등의 재료를 보내주는 막걸리 DIY 키트도 판매되고 있다.

이렇게 처음에는 단순히 흥미로 시작했던 일이 점차 취미가 되고 나중에는 직업이 되는 사람들도 있다. 이른바 '덕업일치(덕질과 직업

블루보틀 카페 전경

이 일치함)'를 이룬 사람들이다. 떡볶이 뷔페 프랜차이즈 '두끼떡볶이'의 김관훈 대표는 창업 전에도 온라인 카페를 개설해 회원들과 함께 떡볶이 맛집 탐방을 다니던 떡볶이 마니아였다. 결국 다니던 대기업을 퇴사하고 떡볶이 가게를 차려 프랜차이즈 기업으로 성공시켰다. 성수동에 한국 1호점이 열리던 날, 새벽부터 수백 명을 줄 서게 했던 카페 '블루보틀(Blue Bottle)'의 창업자 제임스 프리먼 역시 직접 볶은 원두와 커피 기계를 들고 연주하러 다니던 커피를 사랑하는 클라리넷 연주자였다.

꼭 이런 성공 신화가 아니더라도 화장품과 메이크업에 관심이 있어 관련 리뷰 영상을 유튜브에 올리다가 자기 브랜드를 만들어 화장품을 제작하는 사람도 있고, 가죽 공방에서 취미로 가방을 만들다가 SNS에 올린 것이 화제가 되어 본격적으로 판매를 시작하는 사람도 있다. 그리고 건강을 위해 시작한 필라테스에 푹 빠져 온라인 클래스를 열게 되는 경우도 있다. 자기가 좋아해 취미로 삼았던 일이 직업이 되는 경우를 이제 주위에서 쉽게 찾아볼 수 있게 되었다.

의외성과 신선함

최근 대세로 떠오른 웹예능 〈문명특급〉의 진행자 재재는 스스로를 '연반인(연예인+일반인)'으로 정의하며 기성 MC들과 자신을 차별화한다. 잘 훈련된 노련함보다는 출연하는 게스트들에 대한 연구와 열정을 통해 '웹예능'이라고 하면 별 관심을 보이지 않던 스타들도 앞다투어 출연하고 싶어 하는 프로그램으로 〈문명특급〉을 성장시킨 장본인이다. 기자 지망생이자 방송사 인턴으로 시작해 '어쩌다' 진행자가 된 재재는 이제 신선함을 넘어서 자신만의 영역을 구축해 MZ세대를 사로잡고 있다.

올초 방영된 tvN의 〈어쩌다사장〉에서는 카드 단말기 사용 방법, 버스표 판매 방법은 물론이고 물건의 가격조차 몰랐던 배우 조인성과 차태현이 우여곡절을 겪으며 시골 가게에 익숙해지고 마을 사람들 속에 녹아드는 모습을 보여준다. 최근 급증하고 있는 골프 예능을 비롯해 〈삼시세끼〉, 〈윤식당〉 같은 프로그램들도 어떤 분야의 아마추어들이 좌충우돌하는 과정을 통해 재미를 찾아내는 프로그램들이라고 할 수 있다. 노련하고 완성된 모습은 안정적이지만, 자칫하면 관성적으로 흘러갈 수 있다. 이제 세상은 새로운 얼굴, 의외성에서 나오는 신선함을 더욱 원하고 있는 듯하다.

2. Why is it?

서점에는 누구나 책을 쓸 수 있다며 그간 전문 작가의 영역으로 여겨졌던 출판을 독려하는 책들이 가득하고, 이제 '전문가'라고 부르던 프로와 그의 반대 개념인 아마추어는 그 경계와 정의가 자꾸 헷갈린다. 이러한 변화가 나타나는 이유를 살펴보자.

불안한 사회

코로나19로 인해 우리는 많은 것이 불안정한 시대를 살아가고 있다. 당장 다음 주에 학교에 갈 수 있을지 없을지 알 수 없고, 내일 바로 자가격리에 들어가 출근하지 못할 수도 있다. 그동안 사람들은 오랜 역사를 지나며 쌓아 올린 지식과 경험을 기반으로 예기치 못한 상황에 대응해왔다. 그러나 지금은 '낯섦' 이상의 급변함으로 한 치 앞도 알 수 없는 상황이 지속되고 있다. 평생직장이라는 개념은 이미 사라진 지 오래이고, 사회적 불안정성이 지속되면서 사람들은 자신의 미래를 보장해줄 만한 새로운 것들을 찾아 나서고 있다. 젊은 세대들은 '언제 짤릴지 모르니 보험처럼' 자격증 취득에 열을 올리고 있고, 온라인에서는 'N잡러로 부자 되는 법'에 대한 콘텐츠가 넘쳐난다.

회식이 줄어들면서 저녁 시간에 여유가 생기고 과거에 비해 상대적으로 노동시간이 줄어든 것도 이러한 변화에 영향을 미쳤다. 새로운 것을 배우고 준비할 수 있는 시간이 늘어난 사람들은 이제 자신의 본업 이상의 것에 눈을 돌리기 시작했다.

'N잡러'의 시대

수익 창출 방법의 다양화

꼭 '취업'이 아니더라도 수익을 창출할 방법이 다양해진 것도 이러한 변화 요인 중 하나다. 과거에는 부업이라고 하면 영화 〈기생충〉에 등장하는 박스 접기나 드라마에서 종종 보아왔던 인형 눈 붙이기 정도만 떠올렸다. 하지만 최근에는 좋아하는 일이 있으면 그 일을 통해 돈을 벌 방법이 다양하다. 유튜브 채널을 개설할 수도 있고, 포털사이트나 오픈마켓에 입점해 판매할 방법도 있다. 잘하는 일이 있다면 온라인 클래스 사이트에 영상 강의를 업로드해 수익을 창출할 수도 있다.

프리랜서 플랫폼인 '크몽', '숨고', 단기 아르바이트 앱 '쑨', 재능마켓 '긱몬' 등 수많은 플랫폼이 등장하면서 반드시 전공하거나 오랫동안 전문으로 해오던 일이 아니더라도 수익을 창출하는 것이 쉬워졌다. 프로만이 그 분야에서 돈을 벌 수 있다는 고정관념은 이제 점차 사라지고 있다.

낮아지는 정보의 장벽

흔히 좋은 직업을 이야기할 때 우리는 '사' 자 직업이라는 표현을 종종 쓰곤 한다. 의사, 변호사, 판사 등 사 자 직업 하면 떠오르는 직업들이 많다. 그런데 혹시 의사, 변호사, 판사가 모두 다른 한자를 사용하고 있다는 점을 알고 있는가? 의사는 스승 사(師), 변호사는 선비 사(士), 판사는 일 사(事) 자를 사용한다. 한자로 그 뜻은 다 다르지만, 공교롭게 모두 같은 음을 가지고 있는 '사' 자 직업이라는 표현에는 전문직, 즉 '프로페셔널'이라는 의미가 내포되어 있다.

이들은 대부분 시험을 통과하여 그 일을 할 수 있는 자격을 부여받은 사람들이다. 자격증이라는 제도는 그 분야의 전문성을 인정해주는 제도임과 동시에 해당 분야의 진입 장벽 역할을 한다. 대학의 졸업장 또한 비슷한 역할이다. 공신력 있는 교육을 받고 한 분야의 전문가로 성장하면서 그들 내부의 정보는 노하우가 되고 그것이 프로의 장벽을 견고히 하는 바탕이 된다.

그러나 최근에는 전문가의 손을 거쳐야만 질적 수준이 보장되던 일들이 특정 키트나 도구를 활용하면 쉽게 가능해졌다. 쿠키 믹스를 활용하면 제과점에서나 사 먹을 수 있을법한 쿠키를 집에서 따뜻하게 구워낼 수 있고, 밀키트를 활용하면 셰프 못지않은 요리를 완성할 수 있다. 핸드폰으로 촬영한 사진도 앱을 활용하면 프로 작가처럼 수정할 수 있고, 유튜브에서는 법률 정보, 의학 정보, 문학, 철학, 역사 등 분야를 막론하고 기초적인 지식부터 상세하고 깊이 있는 지식까지 습득할 수 있다. 향후 20년 뒤 AI에 대체될 직업 같은 조사 결과를 굳이 떠올리지 않더라도 지금 우리 사회에서 전문직만이 접근 가능한 성역은 상당 부분 무너지고 있다는 것을 느낄 수 있다.

집에서 만드는 전문적인 요리

아마추어들의 축제'였던' 올림픽

2021년은 올림픽의 해였다. 코로나19로 인해 한 해 연기된 것에 더해 무관중 개최라는 사상 유례 없는 올림픽이었지만, 자신의 모든 것을 담아 땀 흘리며 준비한 선수들의 노력만큼은 밝게 빛났다.

사실 올림픽이야말로 프로와 아마추어를 명확히 규정하여 출전 자격을 부여했던 대표적인 대회라고 할 수 있다. 불과 1992년 바르셀로나 올림픽까지만 해도 지금은 당연하게 여겨지는 프로선수들의 올림픽 참가가 금지되었다. 올림픽 헌장 제1조에는 "올림픽 운동의 목적은 청년들에게 아마추어 스포츠의 기조를 이루는 육체적 노력과 도덕적 자질을 일깨워주기 위함"이라고 명시되어 있다. 여기서 아마추어란 운동하는 것을 전제로 보수를 받지 않는 사람을 의미한다. 근대올림픽의 창시자 피에르 드 쿠베르탱(Pierre de Coubertin)은 프로선수들

근대올림픽 창시자 쿠베르탱

의 경우 상금을 받는 데 목적을 두기 때문에 국제 친선을 도모하고 참가에 의의를 두어야 하는 올림픽 정신에 부합하지 않다고 생각했다. 프로선수들의 올림픽 참가를 금지하는 올림픽위원회의 규정은 매우 엄격하여 1968년 삿포로 동계올림픽에서는 스키 종목의 오스트리아 칼 슈란츠 선수가 프로선수라는 이유로 출전이 허가되지 않아 공항에서 돌아가는 일도 있었다고 한다.

그러나 쿠베르탱이 올림픽 정신을 제창한 이후 많은 시간이 흐르며 사회적·경제적 환경이 변화했고, 더 이상 순수 아마추어 선수만의 출전을 강요하기가 어려워졌다. 프로선수의 올림픽 참가에 대한 스포츠계의 끊임없는 요구가 이어져왔고, 결국 1986년 스위스 로잔 총회에서 아마추어리즘을 강조한 규정을 선수의 윤리 규정으로 변경하면서 프로선수들의 올림픽 출전이 가능해졌다.

올림픽에 관한 흥미로운 사실 중 하나는 건축, 문학, 음악, 회화,

조각 같은 예술 분야도 올림픽 정식 종목 중 하나였다는 점이다. 근대 올림픽이 창설될 때 스포츠와 예술의 결합을 통해 고대 그리스의 올림피아드 정신을 계승할 수 있다고 믿었다. 진정한 올림픽 선수는 수영 선수나 육상선수뿐만 아니라 화가나 음악가도 될 수 있다고 생각한 것이다. 1912년 스톡홀롬 하계올림픽부터 예술 분야가 정식 종목으로 채택되어 스포츠로부터 영감을 받은 예술작품에 메달이 수여되었다.

그러나 40여 년간 지속되던 예술 종목은 1948년 런던 올림픽을 끝으로 정식 종목에서 퇴출되었다. 당시 예술 분야의 참가 선수들이 대부분 유명 작가였고, 올림픽에서 메달을 따면 해당 작가의 작품 가격이 급등하는 현상이 나타났다. 프로 작가들의 경쟁이 심해지면서 IOC위원회는 결국 아마추어에게 참가 자격을 부여한 올림픽 정신과 맞지 않는다는 판단을 했고, 이후 1952년 헬싱키 올림픽부터는 메달이 없는 미술 전시회로 대체되었다.

결국 올림픽의 아마추어 정신에 위배되어 제외되었다면, 프로선수들의 참가를 허락한 지금 예술 종목이 다시 올림픽 정식 종목에 채택될 수 있을까? 채택된다면 어떤 작품이 금메달을 받게 될까? 어쩌면 우리나라 예술 작가들을 응원하며 올림픽 중계를 볼 수도 있겠다는 생각이 든다.

3. Where is it going?

오랜 기간 지속되어온 '사' 자 직업에 대한 선망은 프로 영역에 대한 우리 사회의 신뢰를 보여준다고 할 수 있다. 프로 영역으로 들어가는 장벽이 높으면 높을수록 그 직업을 가진 사람은 더 존중받게 되고, 그 영역으로 들어가기 위해 어떤 이들은 맹목적일 만큼 인생을 걸기도 한다. 따라서 프로가 아닌 사람들이 그 영역에 들어오게 되면 그것을 이루기 위해 노력해온 사람들은 박탈감을 느끼게 되고 사회가 불공정하다고 느끼게 되는 단초가 된다. 소위 '낙하산'이라고 표현되기도 하는, 정해진 코스를 밟지 않고 진입하는 사람들은 그래서 논란을 불러일으킨다.

앞서 '아트테이너' 이슈와 관련해 전문 교육을 받지 않은 사람들도 예술 작가가 될 수 있는가에 관한 논란은 '문화의 민주화(democratization of culture)'와 '문화민주주의(cultural democracy)'라라는 예술 정책 개념에 내포되어 있다. 언뜻 보면 비슷해 보이는 두 단어는 서로 다른 의미를 가지고 있다. 프랑스 문화부 초대 장관인 앙드레 말로의 국회 연설에서 처음 언급된 '문화의 민주화'는 전문가와 엘리트가 만들어낸 '고급문화(high culture)'에 대중이 더욱 쉽게 접근할 수 있게 하려는 정책이다. 반면, '문화의 민주화'에 반대하여 등장한 개념인 '문화민주주의'는 문화 동아리나 아마추어 예술활동 등을 통해 누구나 문화를 창작할 가능성이 있다고 말한다. 문화의 다양성을 인정하며 국민 모두 자발적인 문화 활동을 할 수 있게 하자는 개념이다. 물론 이 두 개념은 하나가 절대적으로 옳거나 그른 것은 아니며, 각 사회 환경에 적합하고 유연한 형태로 적용되어야 하지만, 정책적인 측면에서 어떤 개념이 우선시되어야 하는가에 대한 이견은 여전히 존재한다.

이처럼 우리는 프로와 아마추어의 경계와 정의에 대한 다양한 논란을 마주하고 있다. 그러나 2022년에도 프로와 아마추어 사이의 장벽이 낮아지는 현상은 지속될 것으로 보인다. 온라인 플랫폼을 통한 기회의 확산은 비전문가들이 수익을 창출할 수 있는 더 넓은 장을 제공하고, AI 등의 기술 발전은 비전문가가 전문가에 가까운 결과물을 도출하는 데 많은 도움을 줄 것이다. 이러한 현상은 긱 이코노미(gig economy, 기업들이 임시직을 고용하는 경향이 커지는 경제 상황)와 맞물려 N잡러(여러 직업을 가진 사람)의 증가를 더욱 부추길 것으로 예상된다.

이와 관련해 방송가에서는 비전문가의 시선을 중심으로 제작되는 프로그램이 더욱 증가할 것으로 예측된다. SBS 예능 프로그램 〈꼬리의 꼬리를 무는 그날 이야기〉는 역사 속 사건에 얽힌 이야기를 자신의 친구에게 들려주는 방식으로 진행된다. 전문가의 분석적 시각보다

꼬리에 꼬리를 무는 그날 이야기

오히려 이야기의 전달력이 향상되어 몰입도를 높였다는 평가를 받으며 파일럿 프로그램에서 정규편성이 된 사례다. KBS2 〈신상출시 편스토랑〉에서도 전문 셰프가 아니라 스타들이 메뉴를 개발하는 것처럼 아마추어의 다양한 시각이 관심을 모을 것으로 보인다.

이제 전문가로서의 권위는 더 이상 예전 같은 위엄을 갖추지 못할 듯하다. 학위나 자격증으로 보장되는 권위가 아니라 열정과 실력, 그리고 결과로 평가받는 문화가 더 확산될 것으로 보인다. 르네상스 시대의 화가이자 조각가, 발명가, 건축가, 의사, 음악가를 모두 섭렵한 프로 N잡러였던 레오나르도 다빈치도 "권위에 의존하여 토론하는 사람은 자신의 지성을 사용하지 않는 사람이다"라고 말했다. 프로와 아마추어. 그 희미해지는 경계가 또 어떤 문화를 만들어나갈지 기대되는 시점이다.

Ⅳ 내면적 감정의 표출

10 대리만족의 미학

강인함의 상징인 군인

2021년에 인기를 끈 프로그램으로 채널A에서 3월부터 6월까지 방영했던 〈강철부대〉가 있다. 6개 특수부대의 전·현직 대원이 경쟁을 벌여 최강의 특수부대를 선발하는 내용이었다. 이전에도 군대에서의 에피소드를 다룬 예능으로 2013~2014년 tvN에서 방영된 〈푸른 거탑〉이나 2013~2016년 MBC에서 방영된 〈진짜 사나이〉, 그리고 2020년 유튜브의 〈가짜 사나이〉 등이 있었지만, 이 프로그램은 다소 색다른 특성으로 주목을 받았다. 그것은 대리만족과 카타르시스였다.

1. What do we see?

사실 대리만족은 많은 예능이 갖추고 있는 필수 아이템이다. 먹방을 예로 들어보자. 《문화 트렌드 2021》에서도 잠시 소개했듯이 시청자는 음식을 앞에 둔 먹방 진행자에게 이러저러한 주문을 보내어 대리만족의 극대화를 이루려 한다. 심지어 한 프로그램에 출연한 연예인들끼리 그런 주문을 하기도 한다. 구독자 167만 명을 보유한 먹방 유튜버 입짧은햇님이 tvN의 예능 프로그램인 〈놀라운 토요일: 도레미 마켓〉에 출연해서 받아쓰기 문제를 틀린 출연 연예인들을 대신해서 음식을 시식하려 하면 "밥에 고기를 얹어 먹어주세요" 등의 주문을 한다. 다른 사람이 먹는 모습을 볼 때 더 식욕이 돋고 화가 나기도 하지만, 보기만 하는 것으로 마음을 달래는 경우도 종종 있다.

이러한 대리만족은 먹방 이외의 콘텐츠에서도 꽃을 피우고 있다. 그 예가 바로 군대 예능이다. 〈강철부대〉는 리얼리티 관찰 예능의 구성 방식을 가지고 있는데, 6개 특수부대의 경쟁 장면을 관찰하며 김성주, 장동민, 김희철, 김동현, 그리고 이달의 소녀 소속가수 츄가 MC 패널로 등장하여 소감을 말한다. 현장에서 서바이벌을 진행했던 최영재도 이 자리에 포함된다. MC 패널의 기능은 시청자의 몰입감을 높여서 대리만족을 극대화하는 것이다. 김성주는 대원들이 임무 완수에 온 힘을 쏟는 한 장면에서 갑자기 눈물을 쏟았는데, 그 이유는 아들이 군대에 가서 고생할 것을 떠올리며 감정이입이 되었기 때문이라고 했다.

패션쇼와 대리만족

원래 대리만족이 대세를 이루는 분야는 패션과 뷰티, 그리고 럭셔리 분야라 할 수 있다. 우리는 현실에서 이룰 수 없는 것을 다른 사람을 통해서라도 이루기 원할 때가 있는데, 예를 들어 아주 과감한 옷을 입어보거나 아주 예쁜 얼굴로 다시 태어나는 것, 또는 아주 비싼 자동차나 보석을 손에 쥐어보는 것 등이다. 유튜브에서 인기 있는 콘텐츠로 꼽히는 슈퍼카 리뷰나 럭셔리 저택 인테리어 리뷰 등은 환상의 세계를 경험하고 싶은 사람들을 유혹한다. 세상에 존재할 것 같지 않은 몸매를 가진 톱모델이 등장하여 세상에 존재하지 않을 것 같은 옷을 입는 패션쇼는 환상의 극치를 보여준다.

그런데 대리만족은 이렇게 비현실적이고 불가능한 것에서 느끼는 것만은 아니다. 오히려 현실적인 장면을 보면서 본인도 그렇게 될 수 있다는 것을 상상하기도 한다. 나영석의 2020년 예능인 〈마포 멋쟁이〉에서 송민호와 피오를 출연시켜서, 또는 2021년 시즌 2를 시작한 〈악마는 정남이를 입는다〉에서 배정남과 카이를 출연시켜서 이러한 현실적인 대리만족의 욕구를 충족한다. 다소 엉뚱할 수 있지만, 감각적이고 다양한 패션을 연출하는 출연진을 보며 시청자는 본인이 그러한 옷을 입어보는 느낌을 갖는다. 사실 이것은 완전한 대리만족보다는 실제로 일어날 수 있는 일의 예행연습 또는 정보제공 기능도 동시에 한다. 신상 화장품을 소개하거나 다양한 헤어스타일을 선보이는 많은 유튜브 콘텐츠는 현실적인 대리만족을 추구하면서 정보제공도 동시에 추구한다.

2021년에 부상한 또 하나의 예능 소재는 골프였다. TV조선에서 5월에 시작한 〈골프왕〉을 비롯하여 JTBC에서 6월에 시작한 〈세리머니 클럽〉, MBN에서 7월에 시작한 〈그랜파〉, tvN D에서 7월에 시작한 〈스타골프빅리그〉, SBS에서 7월에 시작한 〈편먹고 공치리〉, 티빙 오리지널의 〈골신강림〉까지 짧은 기간에 우후죽순 격으로 많은 프로그램이 시작되었다. 사실 대리만족을 추구하는 대표적인 레저 프로그램의 원조는 낚시인데, 전용 케이블 채널에서 고정된 시청률이 존재할 만큼 저변을 갖추었다. 골프는 이에 비해 후발 주자로 떠오른 아이템인데, 유튜브에서는 이미 김구라나 김국진 등의 연예인이 많은 구독자를 가진 콘텐츠를 보유하고 있었으므로 TV로 진입할 준비가 되어 있었다고 할 수 있다. 그 와중에 박세리가 예능 프로그램에 출연하면서 자연스럽게 골프가 방송 소재로 사용된 계기가 되었다.

골프 예능의 선구자 박세리 선수

마지막으로 대리만족은 현실에서 허락되지 않은 상황에 본인을 이입시키면서 충족되기도 한다. 이것은 현실적으로 일어날 수는 있지만, 윤리적이거나 도덕적으로 불가능한 상황을 만들어 사람들을 끌어들이는 것이다. 사실 거의 모든 영화나 드라마의 플롯은 선과 악의 대비를 위해 악역을 창출해서 이러한 윤리적 갈등 구조를 만들어 몰입감을 높이게 되지만, 2021년 6월에 방영을 시작하여 시즌 3까지 이어질 정도로 크게 인기를 끌었던 〈펜트하우스〉에서는 이러한 악행의 대리만족을 극대화한 것을 볼 수 있다. 자식에 대한 삐뚤어진 사랑이 기본 모티프를 이루면서도 용서받을 수 없는 온갖 악행이 자행되는 것에 시청자는 카타르시스를 느끼며 몰입하게 된다.

2. Why is it?

대리만족 트렌드가 어제오늘 이야기는 아니지만, 특히 2020년대에 들어 다양한 예능 프로그램을 통해 꽃피우게 된 이유는 무엇일까? 여기에서는 상반된 욕망의 존재, 기술의 발전, 그리고 좌절의 일상화에 대해 설명하려 한다.

최근 다양한 대리만족 형태가 등장하는 첫 번째 이유로 사람들은 상반된 욕망을 가질 수 있다는 점이다. 먼저 식생활에 대한 인식을 생각해보자. 사람들은 절제를 통해 멋진 몸매와 건강한 신체를 갖고 싶은 욕망을 갖는 동시에 엄청나게 많은 음식을 행복한 표정으로 먹는 출연자를 보며 함께 행복감을 느낀다. 예를 들어 닭가슴살 재료의 다이어트 식단을 보면서 본인의 몸이 건강해지는 대리만족을 느끼는 사람이 피자 몇 판을 가볍게 해치우는 출연자를 보면서 본인이 근사한 식사를 하는 듯한 대리만족도 느끼는 것이다. 그러나 정작 본인은 닭가슴살 요리만 먹을 만큼 의지가 굳지도 않고 피자 몇 판을 먹을 만큼 위가 크지도 않다. 이러한 일은 현실에서 일어나지 않고, 특히 상반된 두 가지 욕망을 현실에서 가지는 것 자체가 바람직하지도 않다. 그러나 이러한 상반된 욕망을 상상 속에서 충족하는 것이 윤리적으로 문제가 되지는 않는다.

〈강철부대〉에서는 두 가지 상반된 욕망이 동시에 존재하는데, 불굴의 의지를 통해 상대를 제압하는 모습을 보고 싶은 욕망과 함께 약자의 슬픔과 연민에 몰입하는 욕망도 공존한다. 보통 첫 번째 욕망은 이종격투기나 권투, 축구, 기타 운동경기 관람을 통해 대리만족이 이루어지게 된다. 본인이 직접 누군가를 때리는 것은 금지되어 있지만,

상반된 욕망을 표출하는 다이어트 콜라

격투기 선수가 상대방을 링 위에서 때리는 것은 합법적이므로 그 경기를 보면서 공격본능을 충족하는 것이다. 이 구조에서는 본인이 응원하는 사람의 승리를 통해 카타르시스를 느끼게 된다. 이와는 반대로 약자에 대한 위로와 연민을 통해 카타르시스를 느끼는 경우도 있는데, 예를 들어 비련의 여주인공이 사랑하는 남편을 남기고 병으로 세상을 뜨는 〈러브스토리〉에서 관객은 주인공이 겪는 시련과 좌절에 본인을 대입하고 위로를 얻는다. 〈강철부대〉에서는 엄청난 체력을 가진 특수부대 출신 출연자들이 부대의 명예를 걸고 상대와 대결하여 승리하는 카타르시스를 제공하면서도 그 대결에서 패한 부대 소속원들이 승패와 관계없이 끝까지 임무를 완수하는 장면에서 연민의 카타르시스까지 제공하는 것을 볼 수 있다.

최근 다양한 대리만족 형태가 등장하는 두 번째 이유로 기술의 발전을 들 수 있다. 대리만족은 말 그대로 상상 속에서 현실 대신 만족이 이루어지는 것을 말한다. 이러한 대리만족은 풍부한 상상력만으로 완성될 수도 있지만, 첨단기술의 도움을 얻을 수 있다면 훨씬 효과적으로 이루어질 수 있다. 가상현실, 드론, 3D 프린터 기술 등은 우리가 상상 속에서 꿈꾸던 것을 매우 효과적이고 적은 비용으로 가시화하는 데 기여했다. 골프 예능의 예를 들어보자. 사실 골프 경기의 중계는 매우 까다로운 작업일 수 있다. 적당한 위치에 카메라가 자리 잡고 있어야 골프공의 궤적을 추적할 수 있고, CG를 통해 궤적을 보여주는 경우도 흔하게 볼 수 있다. 이러한 시각적 효과가 충분하지 않은 경우 골프 경기 중계는 매우 지루해지고, 따라서 필드에 나가지 않고 화면만 보는 시청자에게 충분한 대리만족을 제공하기 힘들다. 그런데 최근 골프 예능 프로그램을 보면 골프공의 추적을 간단한 장비들, 즉 드론과 슈팅카로 처리하는 것을 볼 수 있다. 공중에서의 장면을 보여주는 드론과 지면에서의 장면을 보여주는 슈팅카만 적절한 위치에 배치하면 골프공의 궤적을 추적하고 출연자의 얼굴을 따라가는 데 큰 어려움이 없다. 사실 드론은 골프 예능 외에도 낚시, 여행, 기타 여러 스포츠 중계에 필수 장비가 되었다. 드론으로 확보한 영상에 가상현실 또는 증강현실 기능을 추가하면 이전에 비해 시청자가 매우 효과적으로 대리만족을 할 수 있는 콘텐츠가 완성된다.

다양한 대리만족 형식이 등장하는 마지막 이유로 좌절의 일상화를 들 수 있다. 대리만족의 쌍둥이는 현실 도피라고 할 수 있는데, 원하는 것을 현실에서 충족할 수 없을 때 그 사실을 부정하고 다른 것에 몰두하는 것을 뜻한다. 예를 들어 실직을 당한 사람이 그 아픔을 일시적으로 잊기 위해 오락이나 웹툰에 빠져서 시간을 보낼 수 있다. 그런데 충족할 수 없는 욕구가 많을 때는 이러한 일시적인 현실 도피로 많

시각 효과를 극대화하는 드론 영상

은 미충족 욕구를 처리할 수는 없으므로 그 대신 다양한 대리만족을 추구할 수 있다. 예를 들어 결혼도 힘들고 집도 구하지 못하면서 원하는 옷도 사 입지 못하는 상황에 놓인다면 이 모든 상황에 대해 현실도피만으로는 정상적인 생활을 영위하기 힘들게 된다. 이 경우 대체 기제로서 대리만족을 추구하게 된다. 예를 들어 결혼 생활의 대리만족으로서 SBS의 〈동상이몽〉, 집 구입의 대리만족으로서 MBC의 〈구해줘! 홈즈〉, 옷 구입의 대리만족으로서 〈악마는 정남이를 입는다〉가 어느 정도의 카타르시스를 제공할 수 있다. 우울한 이야기이지만, 대리만족을 제공하는 예능 프로그램들이 인기를 얻는다는 것은 이 시대가 좌절의 일상화를 겪고 있다는 것을 의미할 수도 있다.

반항적 캐릭터 제임스 딘

비극적인 캐릭터에 본인을 이입시켜서 카타르시스를 느끼는 구도는 예전부터 영화나 드라마에서 사용된 고전적인 방식이다. 〈자이언트〉에서 반항아의 대명사로 태어난 제임스 딘이나 〈내일을 향해 쏴라〉에서 기성 체제에 저항했던 폴 뉴먼과 로버트 레드포드는 고전적인 몰입의 대상이었다.

그러나 이러한 영화에서는 주인공이 어쩔 수 없이 반항해야 하는 논리가 제시되어 비극을 통한 카타르시스가 제공될 뿐 대리만족 효과를 증폭시키는 상반된 욕망이 존재하거나 특별한 기술이 존재하는 것은 아니었다. 물론 가치관의 혼란을 겪는 젊은이의 좌절은 기본적으로 비극적인 캐릭터의 중심에 자리 잡고 있지만, 과거에 비해 오늘날 젊은 이들이 겪는 총체적 그리고 구조적 좌절은 더 클 수 있다. 현재 진행되고 있는 다양한 대리만족 콘텐츠의 진화는 과연 2022년에는 어떻게 진행될 것인가?

첫째, 2021년까지는 이분법적 욕망의 충돌이 진행되었다고 한다면 2022년에는 좀 더 다원화된 욕망이 충돌하는 구도로 발전하여 대리만족의 양상을 더욱 복잡하게 만들 가능성이 있다. 앞에서 건강과 폭식에 대한 상반된 욕망이 충돌하면서 건강 및 다이어트 관련 콘텐츠와 먹방 콘텐츠의 동반 증가를 가져왔다고 설명했는데, 이것은 향후 세련되고 정갈한 정찬에 대한 욕구와 투박하고 야생 그대로의 음식에 대한 향수, 최고가의 최고급 식탁에 대한 욕망과 최고의 가성비를 가진 한 끼를 즐기고 싶은 알뜰함, 최정상급 셰프가 조리하는 레시피에 대한 동경과 가족이 차려주는 따뜻한 집밥에 대한 그리움 등이 혼재하여 더욱 세분화된 대리만족 콘텐츠가 창출될 것으로 예측된다. 이것은 결국 소비자가 각각의 영역에서 최고 수준의 직접적인 경험을 원하지만, 그것을 충족할 수 없는 상황에서 취할 수 있는 최적의 대안을 찾는 현상으로 해석할 수 있다.

둘째, 2022년에 등장할 더욱 진보된 기술은 콘텐츠 수요자에게 더 자극적인 대리만족 콘텐츠를 찾게 할 것이다. 예를 들어 예전에는 유럽의 프리미어 리그를 방송에서 접하기 힘들었기 때문에 높은 수준의 축구를 관람하는 데 큰 관심을 갖지 않았고, 본인이 직접 플레이하는 것에도 거의 관심을 갖지 않았다. 그러나 이제 케이블과 인터넷에서는 축구와 사이클링, F1 자동차 경주, 암벽 등반, 골프 등 전 세계에서 진행되고 있는 스포츠를 실시간으로 중계하고 있으며 최고 기량의 선수들이 보여주는 최고 수준의 경기를 생생한 현장감을 느끼며 관

FIFA 게임을 즐기는 사람들

람할 수 있다. 이러한 경기의 중계에는 드론과 수중 카메라 등 예전에 사용하지 않았던 특수 장비가 동원되고 있으며, 4D 리플레이 기술은 360° 각도에서 입체적으로 방금 전의 상황을 재생하여 보여주기도 한다. 그리고 집에서는 고화질 대형 화면으로 이러한 모든 장면을 마치 현장에 있는 것처럼, 오히려 현장에 있는 사람도 볼 수 없는 다양한 각도에서 볼 수 있다.

즉 오프라인에서의 직접 관람을 충분히, 아니면 오히려 더 우월하게 대체하는 온라인 중계 기술이 발달함에 따라 대리만족 콘텐츠의 수요는 더욱 증가할 것이다. 그리고 더 나아가 첨단기술이 적용된 게임을 통해 본인이 직접 경기를 하는 대리만족도 추구할 수 있다. 예를 들어 2021년 출시된 〈FIFA 22〉에서는 하이퍼모션 기술을 적용했는데, 이것은 실제 경기에서 선수들의 움직임을 기억하여 게임에서의 상황을 실제 경기의 움직임으로 변환시켜 보여주는 기술이다. 이러한 새로운 기술들은 축구만이 아니라 골프나 낚시 등을 주제로 하는 다양한 게임에서 더 현실적인 대리만족을 제공하게 되고, 기존의 기술로는 충분한 대리만족을 제공할 수 없었던 분야에까지 콘텐츠 소비자를 유입하게 될 것이다. 예를 들어 패러글라이딩이나 윈드서핑, 또는 우주여행 같은 활동 영역에서 실제 체험하는 것과 같은 대리만족을 저렴하게 제공한다면 누구나 기꺼이 시도해보지 않겠는가?

셋째, 일반 대중이 겪는 좌절의 일상화는 예측하지 못한 방향으로 사람들의 행동을 이끌 상시적 위험을 가지고 있다. 이 장에서는 지금까지 결혼 생활의 대리만족으로서 SBS의 〈동상이몽〉, 집 구입의 대리만족으로서 MBC의 〈구해줘! 홈즈〉, 옷 구입의 대리만족으로서 〈악마는 정남이를 입는다〉 등 주로 예능 프로그램의 등장과 대중적 인기로 대리만족의 표출을 설명했다. 그러나 사람들은 특정 예능 프로그램 시청을 통해서만 대리만족을 추구하는 것이 아니라 이 책의 다른 장에서 설명했듯이 사적 응징이나 보복소비 등을 통하기도 하고, 또한 금전적 욕구와 결합된 상업적 서비스를 통해 대리만족을 추구할 수도 있다. 예를 들어 성적 욕구의 대리만족을 제공하는 성인용 인형, 이른바 '리얼돌'을 상업적 용도로 사용하는 '리얼돌 체험방'은 2021년 한국 사회에서 민감한 문제가 되었다. 학교 근처에서 이러한 영업을 하는 것은 명백히 불법이지만, 리얼돌 이용 자체에 대해 윤리적 판단을 하는 것이 개인의 자유를 침범하는 것이 아닌가에 대한 논쟁이 이어졌다. 사람들이 갖는 특정 욕구가 과연 사회적으로 바람직한 욕구인가에 대한 판단에 앞서서 현존하는 욕구가 지속적으로 좌절되는 상황에 직면할 때 사람들은 대리만족의 출구를 찾게 될 것이고 그것은 다원화된 욕망의 충돌, 화려하게 진보된 기술, 그리고 상업적 욕구와의 결합을 통해 2022년에 우리가 예측하지 못할 방향으로 돌출될 가능성이 있다. 밤에 편히 쉴 수 있는 집을 마련하고 싶은 욕구, 아이들과 행복한 가정을 꾸리고 싶은 욕구, 노력에 대한 정당한 대가를 받고 사회적으로 인정받고 싶은 욕구 등이 좌절되는 상황이 일상화되는 것은 매우 우려할 만하며, 이러한 욕구의 대리만족 활동은 반사회적인 방향으로 표출될 수 있다.

11 솔직함과 진정성

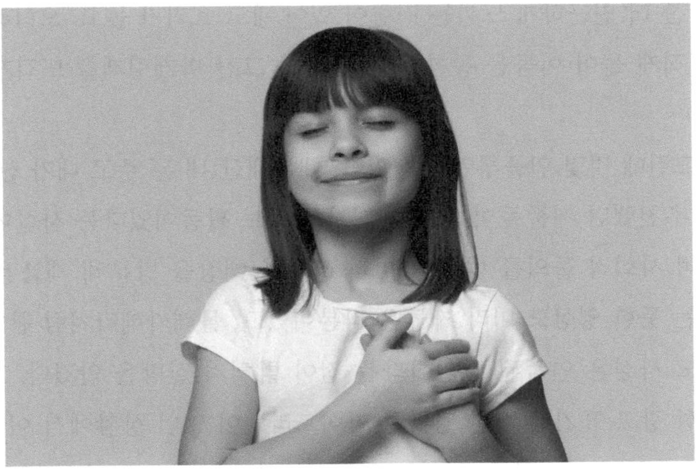

솔직함과 진정성이 요구되는 시대

어렸을 때부터 수없이 많이 들어온 양치기 소년의 이야기처럼 우리는 늘 거짓말은 나쁜 것이라는 교육을 받아왔다. 그런데 최근 들어 솔직함과 진정성이라는 키워드가 콘텐츠의 성패를 좌우할 만큼 중요한 이슈로 급격히 부각되고 있다. '솔직함'이 우리 문화에 어떤 방식으로 영향을 미치고 있는지 '솔직하고 진정성 있게' 살펴보자.

1. What do we see?

뒷광고와 앞광고

인플루언서들이 입고, 먹고, 사용하는 제품에 소비자가 관심을 가지기 시작하면서 소셜 미디어가 소비문화에 미치는 영향력이 점차 커지고 있다. SNS 노출 빈도가 실제 판매량 증가로 이어지면서 인플루언서 마케팅의 효과가 톡톡히 증명되고 있다. 소비자가 스타보다 인플루언서들을 좀 더 친근하게 느끼는 경향이 있어 광고 효과가 높고, 오히려 비용은 적게 들어 이들을 통한 SNS 홍보가 그간 마케팅계를 뜨겁게 달궜다.

그런데 몇몇 인플루언서가 일명 '내돈내산(내 돈 주고 내가 산)'이라며 추천했던 제품들이 사실은 대가성 홍보 활동이었다는 사실이 밝혀지며 사회적 물의를 빚었다. 마치 우연히 매장을 방문해 제품을 구입하는 듯한 영상도 미리 짜놓은 각본이었고, 몰래카메라처럼 촬영된 영상도 사실은 연출된 장면이라는 점이 밝혀져 실망을 안겼다. 그간 대가성 광고 표기에 대한 명확한 가이드라인이 없던 상황에서 이러한 논란으로부터 자유로울 수 있는 인플루언서들은 얼마 되지 않았다. 뒤늦게 법적으로 광고주와의 이해관계를 숨기거나 제대로 밝히지 않은 온라인 '뒷광고'를 금지하면서 많은 유튜버가 사과 영상을 올리고 과거 영상에도 광고 표기를 하기 시작했다.

방송 프로그램 내에서 진행되는 광고는 'PPL(product placement)'이라고 한다. 유명 스타가 출연하거나 해외 로케이션을 진행하는 등 드라마의 스케일이 크면 클수록 늘어난 제작비를 충당하기 위해 많은 PPL이 등장한다. 그런데 이 간접광고가 주객 전도되어 드라

논란이 된 뒷광고

마 몰입을 방해하는 경우가 종종 있다. 드라마 주인공들이 시도 때도 없이 커피를 마시고, 끼니마다 치킨을 먹는 등 맥락과는 전혀 맞지 않는 광고가 시청자의 눈살을 찌푸리게 한다. 최근에는 해외 방영을 염두에 두고 국내에 판매되지 않는 외국 상품의 광고까지 등장하여 과도한 PPL에 대한 소비자의 불만이 이어지고 있다.

시청자가 느끼는 이런 불편함은 결국 광고 효과의 감소로 이어진다. 최근에는 이러한 문제를 해결하기 위해 이른바 '앞광고'가 대세가 되고 있다. SNS 홍보에는 '유료 광고 포함', '제품 협찬' 또는 '#광고' 등의 표기가 붙기 시작했고, 기업과 방송가는 더 솔직하고 과감한 광고를 시도하기 시작했다. 유튜브 〈네고왕〉은 각 기업 대표와 출연자가 직접 가격 협상을 한다는 콘셉트의 프로그램이다. 대놓고 하는 협찬 광고지만, 조회 수가 800만 회 이상인 영상이 있을 정도로 인기를 얻고 있다. 최근 예능에서는 "오늘은 커피야?"라는 식으로 PPL을 직접적으로 언급하며 광고주가 원하는 장면을 연출하기도 한다. 아예 프로그램 협찬 내용과 중간 광고를 연결하여 방영하는 경우도 있다. PPL을 굳이 감추지 않으면서도 시청자의 흥미를 유발해 재미와 광고 효과를 동시에 잡는다. 소비자를 기만하는 뒷광고에는 괘씸죄가 적용되지만, 솔직한 앞광고에는 오히려 너그러운 소비자다.

솔직함도 용기다

도쿄올림픽에서 미국의 체조영웅으로 불리는 시몬 바일스(Simone Bilies)가 여자 체조 단체전에서 기권하는 일이 있었다. 2016년 리우 올림픽 여자 체조 종목에서 금메달 4개를 휩쓸었던 그녀는 올림픽이라는 무대의 정신적 중압감을 호소하며 경기 도중 기권했다. 경기 전 본인의 SNS에 "때로는 어깨에 온 세상의 짐을 진 것처럼 느껴진다"라는 글을 올리며 자신에게 걸려 있는 많은 기대에 대한 부담감을 토로했다.

미국의 체조영웅 시몬 바일스

자신의 정신적 압박감을 솔직하게 털어놓으며 경기에 나서지 못한 시몬 바일스에게 전 세계에서 "매우 솔직하고 용기 있는 결정"이라는 응원이 쏟아졌다. 올림픽 메달 획득을 기대했을 많은 팬과 후원사, 그리고 동료 선수들도 격려와 지지를 보냈다. 결국 체조 경기 마지막 날, 시몬 바일스는 다시 경기장으로 돌아와 박수갈채를 받으며 동메달을 목에 걸었다.

솔직함을 지지하는 변화는 서점가에서도 느껴진다. 과거 인기를 끌던 자기계발서들은 대체로 참고 견디면 무언가를 이루어낼 수 있다고 말했다. "인내는 쓰다, 그러나 열매는 달다"라고, 이 시간이 지나면 다 보상받을 것이라고 위로했다. 그러나 지금 서점의 자기계발서를 둘러보면 '자신의 마음을 들여다보는 방법', '아니라고 말하는 방법' 등 자신의 감정을 솔직하게 드러내는 것에 대한 서적이 많아진 것을 확인할 수 있다. 모든 상황을 인내할 필요는 없으며, 못하는 것은 못한다고 말하는 좀 더 당당한 삶의 자세를 응원하는 책들이 인기를 얻고 있다.

"왕관을 쓰려는 자 그 무게를 견뎌라"라고 했다. 그러나 성적을 중요시하던 스포츠 분야에서도 선수들의 압박감과 스트레스를 공감하고 그들의 인간적인 고충을 응원하는 문화가 생겨났다. 이제 성과를 위해 인내를 요구하던 한 시대가 점차 지나가고 있음이 느껴진다.

나다움과 진정성

"당신의 MBTI는 무엇입니까?"

이 질문에 바로 답할 수 없다면 지금 포털사이트에서 MBTI를 검색해 검사해보자. 최근 MZ세대 사이에는 MBTI로 자신을 소개하는 것이 하나의 문화로 자리 잡았다. MBTI(Myers-Briggs Type Indicator,

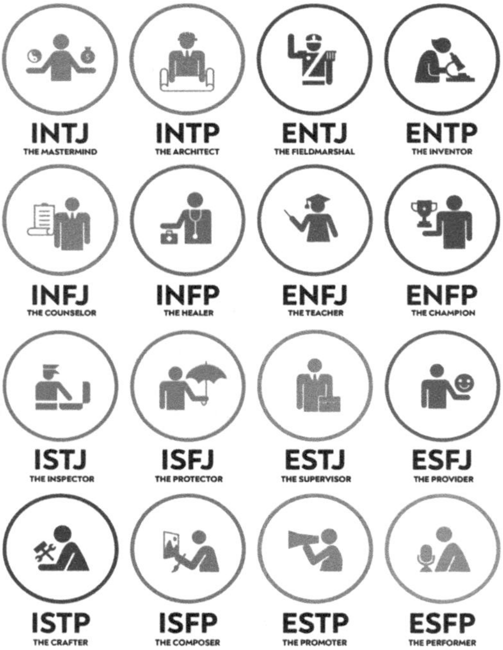

MBTI 테스트 성격유형

마이어스-브릭스 유형 지표)는 사람의 성격을 16개의 유형으로 나누어 분류하는 성격유형 테스트다. 분석심리학자 카를 융(Carl Gustav Jung)의 심리유형 이론을 바탕으로 만들어졌다는 이 심리검사는 온라인에서 간단한 질문에 답하는 형식으로 변형되어 누구나 쉽게 자신의 유형을 확인할 수 있다. MBTI 유형에 따라 음악이나 영화 취향을 나누기도 하고, 유형이 같은 사람끼리 모여서 대화하는 단톡방도 생겨났다. 연애관은 물론이고 자기소개서 작성법, 양육법, 여가 스타일까지 MBTI 유형에 따른 분석이 넘쳐난다. 젊은 층에게는 과거에 유행하던 혈액형, 별자리보다 과학적 근거를 바탕으로 세분화되어 자신을 더 잘 드러낼 수 있는 방식으로 여겨지고 있다. 나다움을 쉽고 빠르게 드러내면서 서로의 다름을 인정하는 문화가 MBTI 유행을 이끌었다고 볼 수 있다.

스타 관찰 예능이 꾸준히 사랑받는 이유 역시 스크린이나 무대 위의 화려한 모습 이면의 진짜 자신을 보여주는 모습이 공감을 얻기 때문이다. 두꺼운 화장을 지우고 부스스한 머리에 소파에 멍하니 누워있는 꾸밈없는 모습에 더해 취미활동을 하고, 좋아하는 사람을 만나 시간을 보내는 일상을 보면서 팬들은 스타의 '본체'를 알아가는 즐거움을 느낀다.

BTS가 글로벌시장에서 성공한 이유를 두고 전문가들이 다양한 분석을 내놓지만, 그중 자주 언급되는 요인이 바로 '솔직함과 진정성'이다. BTS는 단순히 유행을 좇기보다 자신들이 하고 싶은 음악 속에 자신들의 이야기를 담는다. 이러한 모습이 잘 드러난 곡이 2021년 여름에 발표된 〈퍼미션 투 댄스(Permission to Dance)〉라고 할 수 있는데, 지금 그들이 느끼고 있는 감정과 생각을 담아 자신들이 할 수 있는 최선의 위로를 팬들에게 전한다. 국제수화를 활용한 안무 역시 언어의 장벽, 신체적 장벽을 넘어서 함께 즐겼으면 하는 그들의 진정성이 담겨 있어 더욱 사랑을 받았다.

2. Why is it?

사이다 세대의 등장

흔히 드라마 속 주인공들이 어려움에 처하거나 사건이 해결되지 않고 지지부진한 상태를 고구마를 먹은 듯이 속이 답답하다는 뜻으로 '고구마'라고 하고, 사건이 해결되고 주인공 간의 관계가 급진전되면 사이다 마신 듯이 시원하다는 뜻으로 '사이다'라고 표현한다. 이렇게 본다면 답답함을 견디지 못하는 요즘 세대는 '사이다 세대'라고도 부를 수 있을 듯하다.

고성장 시대를 살아온 이전 세대는 성과를 위해 많은 것을 참아야 했고, 그 시간을 견디면 어느 정도의 결과로 보상받을 수 있었다. 그러나 저성장 시대를 사는 지금의 세대는 참고 기다린다고 해서 보상이 돌아올 것이라고 기대하지 않는다. '라떼'는 맨손으로 자수성가가 가능했던 시대였지만, 물질적으로 모든 것이 풍요로워 보이는 지금이 오히려 더 미래가 불투명한 시대다. 따라서 MZ세대는 '지금' 자신이 원하는 것을 솔직하게 표현하고 해결해야 한다. '고구마'처럼 참고 기다리기만 하다가는 체할 수도 있다.

2020 도쿄올림픽에서 매 경기 투혼을 보여주며 감동적인 경기 운영을 보여줬던 여자 배구 대표팀을 이끌었던 김연경 선수의 인기가 대단하다. 김연경 선수의 유튜브 채널명이자 대표적인 별명은 '식빵언니'다. 경기 도중 과열된 상태에서 욕을 하던 입 모양이 식빵으로 순화되며 열정과 솔직함을 대변하는 별명이 되었다. 예전 같았다면 경기 중 매너 없는 행동이라며 비난받았을 수도 있을 일이다. EBS 교육방송이 낳은 이단아 펭수 역시 마음속에서만 해야 할 것 같은 말들을 눈치 보지 않고 쏟아낸다. 일이 힘들면 당장 퇴근을 외치고, 필요하다고 생각되면 아무 곳에서나 사장님 이름을 외치는 모습에서 시청자는 대리만족을 느낀다.

팍팍한 현실 속에서 사람들은 속 시원히 이야기해줄 사람을 찾고

'식빵언니'로 인기를 얻고 있는 김연경 선수

있다. 눈물만 흘리며 사건이 해결되길 기다리는 '민폐' 주인공보다는 팩트폭격하며 일침을 날리는 캐릭터를 더 응원하고, 주변 눈치 하나 보지 않는 쎈언니가 더 사랑받는다. 그동안 겸손, 인내 등의 단어로 억눌려 있던 많은 것이 이제 사이다처럼 표출되고 있다.

나는 네가 지난 과거에 한 일을 알고 있다

최근 들어 연예인이나 방송 출연자들의 과거사 논란이 계속되고 있다. 아이돌, 배우, 스포츠 스타, 매니저 할 것 없이 학교폭력 등의 과거사 폭로가 이어지고 있는데, 사회적으로 굉장히 민감한 이슈이다 보니 당사자가 사실을 인정한 경우뿐만 아니라 의혹만 불거져도 이미지에 큰 손상을 입는다. 출연자의 이미지는 물론이고 프로그램 존폐를 좌우할 정도로 영향력이 커서 현재 엔터테인먼트 업계의 리스크 1순위로 꼽

히고 있다. 사실 이러한 과거사 이슈는 피해자와 가해자 모두 명확한 증거 없이 주장에 기반하는 경우가 많다는 점에서 뚜렷한 결론을 내지 못하는 경우가 대부분이다. 이렇다 보니 누구 하나 솔직하게 잘못을 인정하지 않고 논란만 가중되어 대중의 피로감은 쌓여가고 있다. 학폭, 빚투 등 짧게는 2, 3년 전 사건도 있지만 길게는 십수 년 전 사건도 온라인 폭로를 통해 수면 위로 떠오르고 있다.

범죄에는 '공소시효'라는 것이 있다. 법으로 정해진 일정 기간이 지나면 형사 처벌이 불가능해진다. 그러나 군중의 공소시효는 법적 공소시효와 다르다. 피해를 입은 사람이 자신의 목소리를 낼 수 있는 채널이 다양해졌고, 과거 온라인상에 남겼던 글이나 사진은 쉽게 사라지지 않는다. 더 이상 예전 일이라고 해서 사람들의 기억에서 사라지길 바라며 대충 얼버무리고 넘어갈 수 있지 않다는 뜻이다.

오랜 기간 지속되어온 정보 비대칭 문제는 인터넷의 발달로 많은 부분 해결되었다. 정보의 투명성이 높아지고 온라인상의 정보는 순식간에 전달된다. 따라서 아무도 모를 것 같았던 논문 표절이나 성희롱 같은 과거의 과오가 인터넷 검색 몇 번으로 소환되는 것이다. 그리고 이렇게 불거진 의혹에 솔직하게 대처하지 못하면 오히려 가중처벌 될 수 있다는 것 또한 우리는 여러 사례를 통해 확인해왔다.

진정성으로 차별화하라

기술의 발전으로 이제 더 이상 성능만으로는 제품을 차별화하기 어려워졌다. 소비자의 시선을 사로잡기 위해 차별화 포인트를 고심하던 브랜드들은 이제 진정성을 내세우기 시작했다. 친환경 화장품과 비누를 만드는 영국의 화장품 브랜드 '러쉬(LUSH)'는 세련되고 화려한 화장

화장품 브랜드 'LUSH' 매장 전경

품 브랜드는 아니지만, 입소문을 타고 탄탄한 글로벌 기업으로 성장했다. 동물 실험 반대, 포장 없는 판매, 천연 원료 사용 등 원료부터 유통까지 기업 스스로의 원칙을 지켜나가고 있다. "동물과 자연과 사람이 조화롭게 공존하는 세상"을 만든다는 진정성 있는 기업 철학은 과대 포장된 광고 없이도 소비자의 공감대를 얻고 있다.

진정성이란 옳고 그름의 문제가 아닌 본질적인 모습과 외부로 드러나는 모습의 차이에 관한 문제다. 우리는 양의 탈을 쓴 늑대보다는 내면과 외면의 모습이 동일한 사람에게 진정성을 느낀다. 최근 기업들에 ESG가 강조되는 요인 중 하나도 이처럼 진정성을 요구하는 소비자의 변화라고 볼 수 있다. 기업이 추구하는 가치관과 사회적 활동에 관심을 보이는 소비자가 증가한 것이다.

진정성에 관한 요구는 기획된 방송 프로그램이라 하더라도 비켜가지 않는다. 토크쇼 포맷으로 방영 초기 크게 관심을 끌지 못하던

tvN 〈유 퀴즈 온 더 블럭〉이 꾸준히 자기 길을 걸으며 현재 인기 예능으로 자리 잡을 수 있었던 것은 주변에서 만난 많은 시민의 진정성 있는 이야기가 바탕이 되었기 때문이다. 그러나 솔직함으로 승부하려던 프로그램이 진정성을 담지 못하면 오히려 독이 될 수 있다. TV조선 예능 〈아내의 맛〉은 출연자 가족의 전화 통화가 대역으로 연출되거나, 시댁 별장으로 나온 곳이 숙박 공유 플랫폼에서 발견되는 등 거짓 방송 논란으로 시즌 종료되었고, SBS 〈미운우리새끼〉나 MBN 〈우리 다시 사랑할 수 있을까〉 등 리얼 관찰 예능을 표방하는 여러 프로그램도 출연자의 진정성 관련 논란을 피해가지 못했다.

3. Where is it going?

MZ세대의 솔직함은 '공평'과 '정의'라는 가치와 연결된다. 소비자의 눈을 속이는 뒷광고는 배척하고, 오히려 대놓고 당당하게 마케팅하는 앞광고에 대해서는 관대하다. 겸손을 요구하던 세대에서 이제 자신의 성공, 자신이 가진 것을 드러내는 '플렉스(flex, 래퍼들이 자신의 부를 과시하는 데 사용하던 표현)' 문화를 만들어가는 세대로 변화하고 있다. 자신의 노력과 능력을 합당하게 인정받고 그에 맞는 소비를 하는 것이 당연하다고 생각한다. 그리고 화려하게 드러나 있는 겉모습보다 진정성 있는 모습에 관심을 가진다.

이러한 트렌드는 문화콘텐츠 측면에서 다큐멘터리의 대중화에 영향을 미칠 것으로 보인다. 최근 이러한 현상들이 눈에 띄는데, OTT 플랫폼 인기 콘텐츠 순위에 다큐멘터리 영상들이 오르는 것을 종종 볼 수 있다. 퇴근 후 아빠가 보는 프로그램 정도로 여겨졌던 다큐멘터리에 대한 시선이 달라진 것을 느낄 수 있는 대표적인 사례는 세계적인 흥행을 거둔 〈마이클 조던: 더 라스트 댄스〉다. 국내에서도 많은 인플루언서가 추천하며 관심을 모은 이 다큐멘터리는 첫 회 방영 당시 미국에서만 634만 명이 시청했으며, 회당 평균 시청자 수도 560만 명을 기록하며 미국 스포츠 전문 채널 ESPN 역대 다큐멘터리 최다 시청자 수를 기록했다. 자연환경, 시사 등의 기존 장르뿐만 아니라 넷플릭스에서 공개된 K-pop 다큐멘터리 〈블랙핑크: 세상을 밝혀라〉, 아마존 프라임의 축구팀 토트넘 다큐멘터리 〈All or Nothing〉 등 제작 분야도 다양해지고 있다. OTT 플랫폼을 발판으로 영역을 넓혀가고 있는 다큐멘터리는 가짜뉴스에 지친 시청자에게 더 매력적으로 다가와 2022년 더욱 성장할 것으로 예측된다.

2022년은 대선이 열리는 해다. 후보들이 얼마나 진솔한 모습을 보여주는가가 많은 표심을 좌우할 것이다. 유력 대선 후보들이 앞다투어 틱톡, 유튜브, 인스타그램 등 다양한 소셜 미디어를 활용한 소통에 나선 것도 그런 이유다. 이를 통해 다른 곳에서는 보여주기 힘든 자신의 솔직한 모습을 드러내고 시민과 소통하기 위해 애쓰고 있다. 그러나 표심을 얻기 위한 일회성 노력이나 가식적인 모습은 SNS를 통한 소통에 익숙한 MZ세대에게 금방 들통날 것이다. 솔직함만큼 진정성이 함께 요구되는 시대다.

12 사적 응징

셜록 홈스를 연기한 베네딕트 컴버배치

앞에서 코로나 시대의 위축된 생활에 반발하여 발생한 보복소비의 트렌드에 대해 설명했다. 여기에서는 이와 유사하게 보이지만, 다른 의미를 가진 또 하나의 트렌드에 대해 설명하려 한다. 2021년 초반에 인기를 끌었던 〈모범택시〉, 〈빈센조〉, 그리고 〈마우스〉의 공통 주제, 바로 사적 응징이다.

1. What do we see?

사적 응징은 사실 많은 경우 불법으로 간주된다. 어떤 사람으로부터 부당한 피해를 입었을 때 개인적으로 보복하는 것은 대부분 금지된다. 예를 들어 지나가던 사람이 갑자기 폭력을 행사했을 때 그에 맞서서 상대방을 때리면 쌍방폭력이 된다. 예외적으로 인정되는 것이 정당방위인데, 예를 들어 생명의 위협을 당하여 이를 회피하거나 방어하기 위해 어쩔 수 없이 상대방에게 가해를 입히는 경우 정당방위로 인정될 수 있다. 그러나 정당방위로 인정받는 데도 여러 제약이 존재한다. 방어행위가 지나쳐서 정당방위로 인정받지 못하는 경우를 '과잉방어'라고 하는데, 여기에는 많은 정황적 판단이 필요하게 된다.

이러한 복잡한 문제를 회피하기 위해 사적 응징을 금지하고 공권력이 개입하는 것이 맞는 것 같긴 한데, 현실에서 적용되는 공권력이 왠지 시원한 느낌을 주지 못하는 것도 사실이다. 2021년 4월 SBS에서 방영되었던 드라마 〈모범택시〉는 이러한 답답함을 씻어주며 최고시청률 16%를 기록했다. 이 드라마의 광고문구는 다음과 같다. "정의가 실종된 사회, 전화 한 통이면 오케이."

그런데 부당한 일을 당했을 때 경찰에 신고하는 대신 스스로 악을 처단하거나 대리인을 통해 해결하는 스토리는 사실 매우 낯익다. 베네딕트 컴버배치가 열연하여 큰 인기를 끈 〈셜록〉에서 그는 경찰과 협력하기는 하지만 기본적으로 사적 응징을 담당하는 역할을 맡는다. 말론 브랜도가 열연했던 영화 〈대부〉에서는 대부를 섰던 청년의 영화 출연을 거절했던 영화 제작자에 대한 사적 응징으로 그 유명한 '말머리 씬'이 등장한다. 이는 "그가 거절하지 못할 제안을 할 거야"라는 대

대부를 연기한 말론 브랜도

사와 함께 심슨 만화에 패러디로 등장하기도 했다.

그 밖에 미국의 서부 시대 영화나 홍콩의 액션영화 등을 보아도 사적 응징은 많은 경우 기본적인 서사구조로 등장한다. 물론 영화에 등장하는 모든 악당에 대한 응징을 경찰에 신고하는 전화 한 통으로 끝낸다면 극적 긴장감은 찾아볼 수 없을 것이다. 그렇다고 해서 공권력이 가볍게 무시되어도 되는 것은 아니라는 몇 가지 장치가 이러한 영화 내에 마련되어 있기는 하다. 첫 번째는 공권력의 한계에 대한 설정이다. 예를 들어 미국의 서부영화에서 보안관이 너무 바쁘거나 법 집행 체계가 아직 정비되지 않아서 어쩔 수 없이 사적 응징을 허용하는 상황을 조성하는 것을 가끔 볼 수 있다. 불완전한 제도하에서 악에 대한 사적 응징을 불가피한 개인의 권리로 정당화하는 것이다. 둘째, 공권력이 부패한 상황에 대한 설정이다. 종종 영화에서 부패한 경찰이나 검사가 등장하는데, 이 경우 정부기관과 정보를 공유하는 순간 정의로운 주인공이 위험에 빠지곤 한다. 2019년에 개봉했던 〈21 브릿지: 테러 셧다운〉에서는 〈블랙펜서〉에서 출연했던 채드윅 보즈만이 정의로운 형사로 출연하여 〈위플래쉬〉에서 플랫쳐 교수로 출연했던 J. K. 시몬스가 연기한 조직적으로 부패한 경찰에 대항하는 역할을 맡았다. 즉, 공적인 법 집행의 도움을 기대할 수 없는 상황에서 개별적인 응징을 하는 것에 정당성이 부여된다. 셋째, 절대악에 대항하는 차악의 불가피성에 대한 설정이다. 2021년 2월에 시작되어 14.6%의 최고 시청률을 기록한 tvN의 20부작 〈빈센조〉에서 송중기는 이탈리아 마피아 변호사를 연기했는데, 악당의 방식으로 악당을 무찌르는 장면을 보여주었다. 시청자는 잔인하고 불법적인 사적 응징 장면을 보면서도 주인공을 응원하는 마음을 갖게 되는데, 그 이유는 상대방 악당을 공권력의 힘을 빌려 응징하는 것이 현실적으로 어려웠기 때문이다. 비슷한 시기에 방영된 tvN의 20부작 드라마 〈마우스〉에서는 이승기가 주인공으로 등장하여 연쇄살인을 자행하는 장면을 보여주었다. 여기에서도 선천적으로 사이코패스의 본성을 타고났지만, 더 큰 악을 행하는 악당에 대항하여 경찰로 연기한 이희준과 때로는 협력하고 때로는 대립하며 행동하는 모습을 보여주어 시청자의 호응을 이끌어냈다. 두 드라마를 보고 있자면 사적 응징을 자행하는 주인공을 나도 모르게 응원하는 느낌을 갖게 된다. 분명히 불법을 저지르고 있는데 말이다.

2. Why is it?

공권력의 한계, 공권력의 부패, 그리고 차악의 불가피성을 설정했던 영화와 드라마를 보는 사람들은 이러한 설정 하에서 사적 응징을 행하는 주인공을 응원하게 된다. 그리고 자문한다. 우리가 살고 있는 현실에서는 이러한 상황이 없을까? 공권력이 일일이 대처할 수 없는 상황에서 악을 행하는 사람들을 내가 개인적으로 처리해야 하지 않을까? 부패한 경찰을 믿을 수 없는 것이 아닌가? 그리고 아주 나쁜 사람들을 혼내주기 위해 내가 행하는 조금 나쁜 일은 사회적으로 결국 바람직한 것이 아닌가?

2021년 상반기에 집중적으로 방영되어 주목을 받았던 〈모범택시〉, 〈빈센조〉, 〈마우스〉는 한국 사회의 이러한 대중 심리를 보여주는 것 같다. 그런데 어떤 사람들은 영화에서 카타르시스를 받는 것을 넘어서 스스로 행동하기도 한다. 본인이 당한 부당한 일을 다른 사람들에게 알리기 위해 다른 사람의 얼굴이 담긴 사진을 인터넷에 공개하여 망신을 주기도 하고, 다른 사람이 당한 억울함을 해결해주기 위해 본인 차량의 블랙박스에 녹화된 장면을 공개하기도 하며, 밉상 발언을 하는 정치인에게 문자 폭탄을 날리기도 한다. 마음에 들지 않는 소식에 대한 인터넷 뉴스에는 욕설과 비속어의 댓글이 무수히 달린다. 정보기술의 발달로 인해 이러한 행동이 증폭된 측면도 일부 있었지만, 그보다는 우리 사회를 지배하는 사회문화적 분위기에 의해 발생했다고 볼 수 있다. 그러한 분위기를 정리해보자.

정의와 공정의 갈망

사회가 발전할수록 정의사회에 대한 기대 수준도 점점 높아졌다. 먼저 정치적 정의에 대해 살펴보자. 근대 이전에는 왕족이나 귀족의 이익이 정의의 잣대가 되었다. 예를 들어 다른 나라를 침략하여 속국이 많아져야 조공이 들어오고, 이 조공은 왕족이나 귀족이 누리는 사치의 원천이 되었다. 그러나 속국을 만들기 위한 전쟁에서 피를 흘리는 것은 백성이었다. 이제는 전쟁을 시작하려 할 때 국민을 설득해야 하는 과정이 상당히 복잡하다. 국민의 불필요한 희생을 막기 위해 국민의 대표들은 정부를 견제하고, 시민도 반전 시위를 벌이는 것에 주저하지 않는다. 1960년대 이후 베트남 전쟁이나 아프가니스탄 전쟁, 그리고 이라크 전쟁을 반대하는 시위가 미국에서 끊임없이 일어났던 것을 볼 수 있다.

찰리 채플린 주연의 〈모던 타임스〉

경제적 정의에 대한 사고의 진화도 이루어졌다. 산업혁명 이후 물질적으로 풍성해지자 자본가가 노동자를 착취하는 것이 일반화되었다. 그러나 아동노동 착취를 금지하거나 '스웨트 숍'으로 표현되는 열악한 작업환경을 금지하는 등 노동자 인권을 보호하는 조치가 취해지면서 노동에 대한 인식이 바뀌었다. 또한 이에 그치지 않고 소수의 기업에 경제적 부가 집중되는 것을 방지하기 위한 반독점법이 통과되면서 미국에서는 거대 석유기업(스탠더드 오일), 담배회사(아메리칸 토바코), 통신업체(AT&T)가 분할되었다. 마이크로소프트도 기업분할의 위기를 거쳐야 했고, 최근에는 구글이 그 칼끝에 놓여 있다.

사회적 정의에 대한 기대 역시 높아지고 있다. 출생과 더불어 부여되는 귀속 지위로 사회적 지위가 결정되는 것에 저항하고, 그러한 부당한 사례를 고발하는 분위기가 팽배해졌다. 여러 나라에서 높은 상속세를 유지하는 것은 부의 대물림을 막기 위한 하나의 수단으로 활용되고 있고, 뇌물이나 청탁을 금지하는 법은 점점 국제적 관례가 되고 있다. 우리나라에서도 최근 취업에서의 청탁과 대기업의 일감 몰아주기는 귀속 지위를 악용한 대표적인 부정한 관례로 민감하게 다뤄지고 있다.

문제는 이러한 정치적, 경제적 그리고 사회적 정의와 공정이 우리 사회에서 사람들이 보기에 기대만큼 잘 이루어지지 않을 수 있다는 것이다. 만약 그렇다면 그 이유로 우리나라 사람들이 너무 이상적인 세상을 꿈꾸어서 지나치게 높은 기대 수준을 가질 가능성, 또는 다른 나라에 비해 우리 사회가 객관적으로 불공정하고 부정할 가능성이 존재할 수 있다. 그 이유가 어느 쪽이든 사람들이 꿈꾸는 정의와 공정이 공권력의 조정으로 이루어지지 않을 때 그 결과는 사적 응징으로 나타날 수 있다. 이것은 사적 응징이 허용되는 세 가지 설정 중 첫 번째의 조건인 공권력의 한계와 두 번째의 조건인 공권력의 부패와 관련이 있다고 할 수 있다.

공권력 권위의 상징인 보안관

권위에 대한 추종

사적 응징의 트렌드와 관련된 두 번째 개념은 권위다. 이것은 사적 응징이 허용되는 세 가지 설정 중 첫 번째 조건인 공권력의 한계와 세 번째 조건인 차악의 불가피성과 관련이 있다.

사람들은 지나친 권력은 기피하지만, 정당한 권위를 추종한다. 예를 들어 경찰의 권위에 대해 생각해보자. 무력적인 식민 통치 또는 독재 정권하에서는 경찰 또는 군인의 무력을 사회 안정의 수단으로 악용한다. 일제 강점기 때 독립투사를 색출하느라 혈안이 되었던 왜경을 연상해보면 사적 응징이라도 하고 싶은 마음이 들 것이다. 그러나 그 반대로 지나치게 무력한 경찰을 보면 그 또한 맥이 빠질 일이다. 예를 들어 우리는 술을 먹고 난동을 부리는 사람에게 경찰이 적절한 제재를 가하지 못해서 시민을 불안하게 하거나 또는 경찰 스스로 상해를 입는 것을 보고 싶어 하지는 않는다. 공권력은 적절한 권위를 가지고 사회 질서를 어지럽히는 사안에 대해 단호하게 대처할 필요가 있다. 만약 공권력이 그러한 권위를 갖지 못하다고 생각되는 경우 시민은 사적 응징을 행동으로 옮길 수 있다.

예를 들어 남미 국가 중에는 경찰 등 공권력이 미약해서 지역의 민병대가 사실상 치안을 담당하는 경우가 있는데, 그러한 민병대는 마약 판매 사업을 기반으로 유지된다고 한다. 이러한 상황에서 어느 범죄집단이 내 가족에게 부당한 피해를 입혔을 때 공권력을 믿고 문제 해결을 기대하기란 힘들 것이다. 오히려 마약 판매라는 불법적이고 반인륜적인 행동을 하는 집단이지만, 그 집단에 의존하여 내 가족에게 피해를 준 더 나쁜 상대를 응징하려는 태도를 취할 수 있다. 차악을 선택하여 거악을 상대하는 사적 응징을 선택하는 것이다. 이 경우 마약 판매 사업을 기반으로 하는 지역 민병대의 현실적 권위를 추종하게 된다.

불평등의식

사적 응징의 트렌드와 관련된 세 번째 개념은 불평등의식이다. 이것은 사적 응징이 허용되는 세 가지 설정 중 첫 번째 조건인 공권력의 한계와 관련이 있는 동시에 객관적인 상황보다는 주관적으로 느끼는 조건과 관련이 깊다.

우리나라의 근현대사를 살펴보면 근대화와 해방, 민주화가 진행되면서 여성에 대한 차별, 신분에 대한 차별, 그리고 지역에 대한 차별이 점차 해소되고 있다. 그런데 남녀 학력이나 임금 격차의 축소, 계층 상승 가능성 증가, 또는 지역적 선입관의 인식 개선 등 객관적인 평등의 수준이 높아진다고 해도 높아진 평등에 대한 사람들의 기대 수준에 미치지 못할 경우 사람들이 주관적으로 느끼는 평등의식은 약화될 수도 있다. 예를 들어 학교에서는 이전보다 훨씬 고도화된 남녀평등 교육이 이루어져서 완벽히 평등한 직장 근무를 꿈꾸면서 사회에 진출했는데, 실제로는 여성에게 불리한 근무 관행이 여전히 존재한다면, 이를 겪는 직장인들은 과거에 직장을 다녔던 사람들보다 더 불평등을 느낄 수 있고, 이러한 불평등을 해결하지 못하는 사회에 대한 불만이 누적되는 경우 사적 응징으로 표출될 수 있다. 신분과 지역에 대한 불평등의식도 이와 유사하다.

객관적으로 관찰되는 평등의 수준은 과거보다 분명히 개선되었는데, 사람들이 여전히 불평등을 느끼거나 오히려 과거보다 더 불평등 문제를 제기하게 된 데는 다양한 상황 변화가 관련되어 있다. 첫 번째로 시민 의식이 발달하면서 이전에는 어쩔 수 없는 관행으로 여기던 사회의 많은 이슈를 이제는 내가 나서서 고칠 수 있는 일로 여기게 되었다. 남녀평등과 관련하여 2017년 할리우드의 제작자인 와인스틴의 성적 비행을 폭로하는 미투 운동이 시작된 것이 그 예다. 이전에는 어쩔 수 없는 관행으로 여기던 일들을 이제는 높아진 시민 의식을 바탕으로 문제를 제기하게 되었고, 그 대응 방식으로 이전에는 개인적으로 덮어버리거나 또는 남몰래 경찰에 신고하는 데 그쳤던 관행에서 이제

여성 인권과 남녀평등

는 사회에 대해 직접 목소리를 내는 사적 응징으로 바뀐 것이다.

두 번째 상황 변화로 정보의 공개 수준이 높아진 것을 들 수 있다. 이전에는 다른 직장의 임금이 얼마인지, 보너스는 얼마인지, 남성 대 여성 임금이 공평한지, 구성원 중 특정 지역 출신이 어느 정도의 비중인지 등의 정보를 구체적으로 알기 힘들었다. 그러나 이제는 수많은 사람이 인터넷에 자발적으로 올리는 정보를 통해 약간의 검색 과정만 거치면 이러한 정보를 쉽게 획득할 수 있게 되었다. 즉, 우리가 선택할 수 있는 거의 모든 대안에 대해 비교가 용이해진 것이다. 이러한 상황에서 하나의 대안이 다른 대안보다 열악할 때, 특히 내가 이미 선택한 대안이 그런 열악한 상태라는 것이 드러났을 때 사람들은 즉각적으로 불평등의식을 느끼게 된다. 여기에서 현재 상황이 과거보다 개선된 정도는 중요하지 않다. 그리고 이 불평등이 정상적인 수단으로 개선될 여지가 없을 때 사람들은 외부에 이 사실을 알리거나 또는 어떤 형태로

든 반대급부를 얻으려 하는 등 사적 응징을 할 수 있다.

3. Where is it going?

〈모범택시〉, 〈빈센조〉, 〈마우스〉를 시청한 사람들이 사적 응징의 주제에 빠져들고 심지어 열광한 이유에는 공권력의 한계와 부패, 그리고 차악의 불가피성을 인식하는 심리가 존재했고, 그 기저에는 정의와 공정을 갈망하고 현실적인 권위를 추종하며 불평등의식을 견디지 못하는 집단적인 공감이 형성되어 있었다는 것을 이해한다면 이제 이러한 심리와 공감이 2022년에 어떤 트렌드로 발전할 것인가에 대해 생각해볼 준비가 된 것이다. 사적 응징에 대한 동조 현상은 일시적인 것으로 그칠 것인가, 아니면 더 심화되고 복잡하게 진화할 것인가?

사회는 보편적으로 비이성적인 상태에서 이성적인 상태로 진화한다는 측면에서 보면 사적 응징에 열광하는 현상은 일시적인 현상이어야 한다. 사람들의 인식이 개선되고 정보 공개의 수준이 높아지면 그에 따라 사회의 관행도 개선될 것이기 때문이다. 불공정한 관행은 더 이상 남아 있을 수 없고, 공권력의 권위는 정립될 것이며, 불평등의식도 사라지게 될 것이다. 사회 전체의 수준에서 말이다. 그러나 사람들이 갖는 기대 수준에 오르기까지 사회 일부에서는 적어도 일시적으로 여전히 이러한 문제들이 남아 있을 수 있다. 그 결과는? 우리는 어쩌면 2022년에도 사적 응징을 주제로 하는 영화와 드라마에 열광할지도 모른다. 하긴, 직접 사적 응징을 하지만 않으면 다행이다.

참고문헌

2021년 문화 트렌드 회고

2019년 BTS 콘서트, NenehTrainer, 위키미디어커먼스(CC-BY-SA-3.0)

광대의 얼굴, Bernard Spragg, 크리에이티브커먼즈(CC0-1.0)

〈스타워즈〉의 스핀오프, AntMan3001, 크리에이티브커먼즈(CC-BY-SA-2.0)

실버 버튼과 골드 버튼의 유튜버, Maurice Cremer, 크리에이티브커먼즈(CC-BY-SA 4.0)

여러 사람이 함께 모여 아이디어를 실현시키는 크라우드 펀딩, shutterstock

연예인 굿즈를 구입하기 위해 상점을 둘러보는 팬들, shutterstock

정치인으로 변신한 슈워제네거, COPPARIS2015, 크리에이티브커먼즈(CC0-1.0)

책을 듣는 시대, 책을 듣는 사람들, shutterstock

파리 테러 추모, mtan14, 크리에이티브커먼즈(CC-BY-SA-2.0)

펄프 픽션의 OST, shutterstock

'한국 배우 최초'로 아카데미 여우조연상을 수상한 배우 윤여정, 연합뉴스

BTS 〈버터(Butter)〉 앨범, shutter stock

1 아트테크(아트+재테크)

2022년 서울에서 개최되는 프리즈 아트페어, Shutterstock

"'20억짜리 작품 보러 오세요' 앞다퉈 미술품 끌어안는 백화점들", 〈한국일보〉, 2021.06.29.

"'내 취향·열정 보여줄 수단' 신규 컬렉터 급증 … 미술시장은 급속 회복 중", 〈조선일보〉, 2021.07.07.

"미술시장 역대급 호황 … 하반기도 열기 이어질까", 〈한국경제〉, 2021.06.28.

미술작품을 활용한 홈 인테리어, shutterstock

미술품 공동 투자 플랫폼 아트투게더, 아트투게더

비플(Beeple)의 NFT 작품 <매일: 첫 5000일>, shutterstock

소더비 온라인 경매 사이트, shutterstock

아트페어 전경, Appleysj, 크리에이티브 커먼스(CC-BY-SA-4.0)

"Picasso tokenised: how to invest in art via blockchain," 〈Deloitte〉, 2020.12.07.

2 보복소비

럭셔리 운동화, Liu Jo Running, spera.de, 크리에이티브커먼즈(CC-BY-2.0)
메타버스 굿즈, Metaverse Akeyo Chucks, TORLEY, 크리에이티브커먼즈(CC-BY-SA-2.0)
보복소비의 단골 대상 명품 백, Shutterstock
아담과 하와의 원죄, Original Sin, colros, 크리에이티브커먼즈(CC-BY-SA-2.0)
연대를 통한 정의구현, Danate goods bags, HowardLake, 크리에이티브커먼즈(CC-BY-SA-2.0)
정치적 보복소비 과정인 투표, Vote Here, John Morton, 크리에이티브커먼즈(CC-BY-SA-2.0)
집에서 즐기는 캡슐커피, Nespresspo Coffee Machine, A. Davey, 크리에이티브커먼즈(CC-BY-2.0)

3 구독경제

구독 열풍, shutterstock
"개인 맞춤화되는 디지털 기반의 구독경제", 〈아웃소싱타임즈〉, 2021.07.19
디즈니 플러스를 감상하는 어린이, shutterstock
'무제한' 먹을 수 있는 뷔페식당, shutterstock
오늘도 하나 더 추가되는 구독 서비스, shutterstock
정착하지 않는 노마드(Nomad, 유목민)의 삶, shutterstock
"테슬라, 자율주행도 넷플릭스처럼 … 월 199달러 구독 모델 도입", 〈Bloter〉, 2021.07.19
테슬라의 자율주행 기능, shutterstock
OTT 플랫폼 검색 서비스 JustWatch, JustWatch, 크리에이티브 커먼스(CC-BY-4.0)
"Struum launches its 'ClassPass for streaming' service to the public", 〈Tech-crunch〉, 2021.05.26
"Subscription Economy - The Future of Business Models," 〈CIGP〉, 2020.09.25.

4 디지털 캐릭터

가상현실의 체험, VR, gordonplant, 크리에이티브커먼즈(CC-BY-2.0)
그룹 BTS의 멤버 RM의 디지털 캐릭터, BTS' Rap Monster, followthethings.com, 크리에이티브커먼즈(CC-PDM-1.0)

릴 미켈라, Miquela Family Tree, Michael Ronaldo, 크리에이티브커먼즈(CC-BY-SA-4.0)
〈싸이월드〉 홈페이지, Hannux on Cyworld, Kai Hendry, 크리에이티브커먼즈(CC-BY-2.0)
〈액티브월드〉 화면, Active Worlds 5.1, Daniel Voyager, 크리에이티브커먼즈(CC-BY-2.0)
BTS의 오프라인 캐릭터 BT21, Line FriendsStore BT21, Jeon Han, 크리에이티브커먼즈(CC-BY-2.0)
Scan the red pill, People's Open Graphics, 크리에이티브커먼즈(CC-BY-2.0)

5 숏폼 콘텐츠(Short-form contents)

"15초 틱톡 잡는다 … OTT '굵고 짧게' 숏폼 콘텐츠 전쟁", 〈EBN〉, 2020.04.08
광고 건너뛰기, shutterstock
김현지·오세림·조수빈, 〈숏폼 콘텐츠 트렌드 마케팅〉, 한국마케팅연구원, 54(7), 60-69, 2020
소니 '워크맨', shutterstock
숏폼 동영상 기반 SNS '틱톡', shutterstock
윤을요, 〈스낵 컬처와 패스트 패션〉, 《한국콘텐츠학회논문지》 16(9), 612-627, 2016
인스타그램 숏폼 영상 서비스 '릴스', shutterstock
최모세·김상진, 〈숏폼 동영상 SNS플랫폼의 이용 동기가 지속 사용 의도에 미치는 영향: 몰입의 매개 효과 검증〉, 《상품문화디자인학연구》 64, 43-56, 2021
KB금융지주경영연구소, "짧고 강렬하게!! 숏폼 콘텐츠에 열광하는 Z세대", 2020.08.11
"Research: Pandemic drives short-form video viewing," 〈Advanced Television〉, 2020.12.07.
SPA 브랜드 매장 전경, shutterstock

6 트랜스 미디어와 세계관

롤플레잉 게임 '워크래프트', shutterstock
마블의 세계관(Marvel Cinematic Universe), shutterstock
메타버스 플랫폼 '로블록스', shutterstock
역할놀이를 하고 있는 어린이, shutterstock

영화 〈쿵푸팬더〉, shutterstock
크리에이터의 세계관을 활용한 제품을 판매하는 팝업 스토어, 연합뉴스

7 이방인의 탄생

라디오헤드, Radiohead in Amsterdam, Michell Zappa, 크리에이티브커먼즈(CC-BY-SA-2.0)

만화경(kaleidoscope)의 예, Walmart Easter Chicks Kaleidoscope, eyecmore, 크리에이티브커먼즈(CC-BY-SA-2.0)

스팅, Concierto Sting, El Coleccionista de Instantes, 크리에이티브커먼즈(CC-BY-SA-2.0)

우리는 외계인과 친구가 될 수 있는가?, Ripley and Abe T. Alien, Pug50, 크리에이티브커먼즈(CC-BY-2.0)

인종의 용광로 미국, The Great American Melting Pot, Jim, 크리에이티브커먼즈(CC-BY-2.0)

쿠엔틴 크리스프, QuentinCrisp, Ross B. Lewis, 크리에이티브커먼즈(CC-BY-SA-4.0)

H.O.T의 초기 홈페이지, H.O.T-1999, Channy Yun, 크리에이티브커먼즈(CC-BY-2.0)

8 예능과 금기

다양한 소셜 미디어, The Social Media Marketing Mix, Alan O'Rourke, 크리에이티브커먼즈(CC-BY-2.0)

봉준호 감독, Bong Joon Ho Mother Close Up, rasdourian, 크리에이티브커먼즈(CC-BY-2.0)

싸이의 〈강남스타일〉, 'Gangnam Style', nvivo.es, 5gig, 크리에이티브커먼즈(CC-BY-SA-2.0)

이혼이 바람직한 경우, Fat Chance, Michael Branson Smith, 크리에이티브커먼즈(CC-BY-2.0)

졸리와 피트, Angelina Jolie & Brad Pitt in Cannes, Filmstiftung, 크리에이티브커먼즈(CC-BY-2.0)

〈SNL〉의 호스트로 출연한 조나 힐(Jonah Hill), The Guise Archives, 크리에이티브커먼즈(CC-BY-2.0)

9 프로와 아마추어
근대올림픽 창시자 쿠베르텡, shutterstock
꼬리에 꼬리를 무는 그날 이야기, SBS
블루보틀 카페 전경, shutterstock
서순복, 〈문화의 민주화와 문화민주주의의 정책적 함의〉,《한국지방자치연구》8(3), 23-44, 2007
아트테이너로 활동하고 있는 배우 하정우, LG전자, 위키미디어커먼스(CC-BY-2.0)
집에서 만드는 전문적인 요리, shutterstock
"프로선수는 올림픽에 참가할 수 없었다?", 〈국민체육진흥공단〉 2020.07.30
"A Brush with Gold: Art Competitions at the Olympics," 〈Science Museum〉, 2020.01.03
'N잡러'의 시대, shutterstock

10 대리만족의 미학
강인함의 상징인 군인, Exercise Cobra Gold 2014, DVIDSHUB, 크리에이티브커먼즈(CC-BY-2.0)
골프 예능의 선구자 박세리 선수, Se Ri Pak, Lily, 크리에이티브커먼즈(CC-BY-2.0)
반항적 캐릭터 제임스 딘, James Dean, twm1340, 크리에이티브커먼즈(CC-BY-SA-2.0)
상반된 욕망을 표출하는 다이어트 콜라, Diet Coke, JeepersMedia, 크리에이티브커먼즈(CC-BY-2.0)
시각 효과를 극대화하는 드론 영상, Lybrook Badlands from the Drone, snowpeak, 크리에이티브커먼즈(CC-BY-2.0)
패션쇼와 대리만족, Jasmine Tookers Victoria's Secret Show London 2014, PAUL JOHN BAYFIELD, 크리에이티브커먼즈(CC-BY-2.0)
FIFA 게임을 즐기는 사람들, EA gaming station, verchmarco, 크리에이티브커먼즈(CC-BY-2.0)

11 솔직함과 진정성
"내년부터 '뒷광고' 처벌 … 광고주·유튜버 모두 해당", 〈이데일리〉, 2020.10.25
논란이 된 뒷광고, 연합뉴스
미국의 체조영웅 시몬 바일스, Secretaría de Deportes, 위키미디어커먼스(CC-BY-4.0)

"블랙핑크부터 마이클 조던 … 다큐, OTT와 함께 성장 중", 〈뉴스1〉, 2020.10.20.
솔직함과 진정성이 요구되는 시대, shutterstock
'식빵언니'로 인기를 얻고 있는 김연경 선수, Puramyun31, 위키미디어커먼스(CC-BY-4.0)
화장품 브랜드 'LUSH' 매장 전경, shutterstock
MBTI 테스트 성격유형, shutterstock

12 사적 응징

공권력 권위의 상징인 보안관, Sheriff Andy, Mike Licht, 크리에이티브커먼즈(CC-BY-2.0)
대부를 연기한 말론 브랜도, Nagarjun, 크리에이티브커먼즈(CC-BY-2.0)
셜록 홈스를 연기한 베네딕트 컴버배치, Benedict Cumberbatch filming Sherlock, Fat Les RanZag, 크리에이티브커먼즈(CC-BY-2.0)
여성 인권과 남녀평등, Women's Rights, barcn, 크리에이티브커먼즈(CC-BY-2.0)
찰리 채플린 주연의 〈모던 타임스〉, Charlie Chaplin, twm1340, 크리에이티브커먼즈(CC-BY-2.0)